Les derniers mondains

Du même auteur

Le Goût du roi, Louis XV et Marie-Louise O'Murphy, Perrin, 2006.

Scènes de la vie quotidienne à l'Elysée, Plon, 2012 ; Points, 2013.

Camille Pascal

Les derniers mondains

PLON
www.plon.fr

12, avenue d'Italie
75013 Paris
Tél. : 01 44 16 09 00
Fax : 01 44 16 09 01
www.plon.fr

ISBN : 978-2-259-22780-3

A la mémoire de mon père frôlé par la mort
le jour de ses vingt ans, en Grande Kabylie,
et qui m'a offert de fêter les miens au Grand Véfour.

« Plus on s'élève vers le premier rang de la société, se dit Julien, plus on trouve de ces manières charmantes. »

Stendhal, *Le Rouge et le Noir*,
livre I, chap. XVIII.

Hommage aux derniers proustiens…

Est-il encore permis d'aimer le monde et de le confesser ? Non pas le monde tel qu'il va ou encore le vaste monde que l'on parcourt aujourd'hui en un clin d'œil. J'entends par là le monde au sens mondain, ce monde – on disait autrefois le Siècle – que les dévots d'hier et d'aujourd'hui, désormais farouchement athées, ont toujours fustigé tout en lui rendant ainsi le plus bel hommage.

Par monde, je désigne évidemment *le Grand Monde* et *le Beau Monde* ou encore *le gratin*, selon l'expression populaire si joliment consacrée par la voix gouailleuse et nasillarde des chanteuses réalistes. Un monde que l'on tient aujourd'hui pour entièrement disparu, délicate Atlantide engloutie par la Seconde Guerre mondiale puis par cette société d'après-guerre, entièrement reconstruite, toujours prospère et nécessairement démocratique. Un monde définitivement emporté par la *jet-set* et plus récemment par le *people*. Deux anglicismes synonymes de l'effacement discret mais irrémédiable d'une certaine France.

Une France qui a pourtant formé pendant des siècles l'armature même de la vie sociale de notre pays, car avant d'être le Tout-Paris, elle fut tout simplement la Cour.

Une France qui a inspiré, bien sûr, la marquise de Sévigné, La Bruyère, le duc de Saint-Simon, Balzac, Barbey d'Aurevilly, Proust et Mallarmé, pour ne citer qu'eux, mais une France qui, en réalité, a irrigué de toute sa puissance d'évocation, de son esprit et même de son mépris l'ensemble de notre littérature. Il faudra attendre Eugène Sue, dans le genre mélodramatique, puis Céline pour que le *populo*, comme il aimait à le désigner, puisse devenir, à lui seul, source d'inspiration. Zola lui-même, pourtant consacré par l'école de la République, n'était pas insensible aux charmes d'une aristocratie dont il s'essaya à décrire complaisamment, mais uniquement sur dossiers, la terrible et toujours caricaturale décomposition.

Peu à peu, le monde auquel de grands quotidiens comme *Le Gaulois* ou *Le Figaro* consacraient encore de longues chroniques dans l'entre-deux-guerres s'est fait discret. Marcel Proust avait enregistré d'une plume presque maniaque le chant du cygne de ce milieu dont il conviendrait bientôt de rédiger l'épitaphe. Depuis, les hôtels du faubourg Saint-Germain ont changé de main, les grands couturiers, non contents d'être enfin invités à des dîners placés, se sont mis à recevoir à leur tour et même à arbitrer des élégances qu'ils ne faisaient jusque-là que fournir. Michel de Saint Pierre et Jean d'Ormesson ont ensuite contribué à diffuser l'idée que la révolution bourgeoise de 1968 avait joyeusement entonné le « *De profundis* » de leur univers familier aussi sûrement que celle de 1789 – plus sanglante il est vrai – annonçait son interminable déclin. En réalité, avec *Au plaisir de Dieu*, Jean d'Ormesson publiait le faux avis de décès d'un monde, le sien, conscient que sa tranquillité, et donc sa survie, passait par la simulation de ses propres funérailles.

La littérature a ainsi lâchement abandonné les duchesses, les salons du noble Faubourg et même les élections à l'Académie française. La vieille bourgeoisie s'est, pour sa part, regardée mourir du côté de Malagar, et il ne fut plus question que de gens très communs, pour ne pas dire franchement vulgaires, en proie aux affres de la libération sexuelle, à ses extases un peu tristes et à leurs conséquences parfois tragiques. Les nouvelles couches sociales promues par les Trente Glorieuses et aussitôt ruinées par les Quarante Calamiteuses aimèrent à se regarder, enfin, dans ce miroir de la Littérature trop longtemps promené sur le haut du pavé et maintenant penché sur elles. Les petits malheurs de la petite-bourgeoisie sont devenus, aujourd'hui, l'unique source d'inspiration de petits romans, bien loin de la grandeur des *Vies minuscules* d'un Pierre Michon. Le résultat – dont Annie Ernaux est encore ce qui se fait de mieux dans le genre… – n'est pas nécessairement beau à lire. La critique littéraire longtemps distillée à l'abri des salons se mitonne désormais sur les petits feux d'un Lumpen vaguement diplômé. Dans les années 1930, Virginia Woolf s'interrogeait sur l'avenir de la littérature anglaise lorsque le duc et l'ouvrier agricole auraient aussi complètement disparu du paysage social que l'outarde et le chat sauvage des campagnes du Devonshire. Elle ajoutait, prophétique : « […] nos descendants pourraient écrire des romans aussi rarement et avec aussi peu de succès que nous écrivons nous-mêmes des drames poétiques ».

Le « bal oriental » du baron de Redé donné en l'hôtel Lambert le 5 décembre 1969 devait donc quant à lui mettre un terme définitif, dans un dernier jaillissement d'aigrettes, à cette interminable agonie sociale. Certes, Oriane de Guermantes aurait trouvé tout cela un peu mélangé et bien trop « après-guerre » à son goût, mais on peut se demander si par esprit de contradiction elle n'aurait pas été tentée d'aller traîner là, peut-être pour la dernière fois, ses fameux souliers rouges, quitte à prendre le risque de croiser une foule de Verdurin remariée et désormais titrée.

En réalité ce monde-là n'a pas entièrement disparu mais il a préféré laisser croire, et surtout laisser dire, qu'il était mort. Par une sorte de crise de jansénisme très tardive, il a souhaité s'effacer, disparaître même aux yeux d'une foule qui lui préférait de toute façon des actrices qu'il était inconcevable d'avoir à sa table. La haine sociale enfin, toujours insidieuse en France et à laquelle le 10 mai 1981 semblait avoir donné quelques regains, fit le reste ; mieux valait fermer ses volets et tirer ses rideaux, surtout lorsque l'on recevait. *Le Grand Monde* avait vécu dans la pleine lumière des bals parés et des fêtes illuminées, il préféra s'en tenir désormais au seul huis clos des dernières maisons fréquentables. On congédia les aboyeurs pour faire confiance aux notices d'un *Bottin mondain* judicieusement fusionné après guerre avec l'*Annuaire des châteaux*. Si l'on souhaitait connaître son voisin de table chez une duchesse, il ne fallait plus ouvrir *Le Figaro* mais ce gros annuaire au papier bible.

C'était compter sans les sciences sociales. Fatiguées d'ausculter les entrailles du prolétariat, d'explorer les marges de nos sociétés consuméristes et de courir de *Tristes Tropiques* pour observer des rites indigènes déjà transformés en attractions touristiques, elles décidèrent, il y a trente ans environ, de braquer leurs observatoires vers cet astre social que l'on disait éteint et dont l'éclat n'était plus que la trace. Historiens, sociologues, ethnologues, anthropologues ont alors entrepris, à la suite des travaux de Pierre Bourdieu sur la distinction, de redécouvrir cette cité perdue et d'en comprendre la disparition. Ils allaient réduire, en quelques décennies, plusieurs siècles d'élégance française en tableaux de chiffres, diagrammes, graphiques, courbes statistiques et autres *camemberts* joliment coloriés.

A leur très grande surprise, ces archéologues d'un nouveau genre découvrirent que leur chantier de fouilles était encore éclairé la nuit et qu'il arrivait même que l'on donne quelques brillants dîners au milieu des ruines du Paris proustien. Caton l'Ancien n'avait pas entièrement détruit Carthage et certains palais, encore debout, étaient toujours habités. Une pluie de publications accompagna la redécouverte de ce continent perdu. Quelques-unes offriront un visage bienveillant, comme les ouvrages érudits d'Eric Mension-Rigau, quand d'autres se révéleront, à terme, beaucoup plus redoutables.

Ainsi, l'infiltration réussie des fameux époux Pinçon-Charlot fera date. Ce couple de sociologues, marxistes, forcément marxistes, sut parfaitement user de sa maîtrise de quelques codes et de son anonymat social pour parvenir à ouvrir ses premières portes cochères, à se frayer un chemin dans les cercles les plus fermés puis à s'y faire oublier. Ils gagnèrent ainsi la confiance de ceux qu'ils allaient disséquer du bout de leur faucille avant de les achever d'un bon coup de marteau éditorial. Selon eux, les privilèges sociaux n'avaient, en réalité, jamais été abolis, et il convenait de préparer un nouveau 4 Août. Le grincement sinistre des charrettes de 1793 couvrait au fil des pages la douce musique de chambre des conversations de salon. Un souffle froid tomba de nouveau sur de jolis cous portant des têtes trop confiantes.

Avec cette insouciance qui fait tout son charme, le monde avait imprudemment ouvert ses portes à son pire ennemi de classe. Il n'existe pas, en effet, plus redoutable adversaire des aristocraties que cette bourgeoisie intellectuelle dans laquelle se recrutent inévitablement les esprits à système et à couperet. Ce « voyage en grande bourgeoisie », pour reprendre le titre le plus fameux de ce couple de sympathiques idéologues, est venu se terminer rue de Solférino, autrefois si bien habitée, où il a permis de donner une teinture prétendument scientifique à un programme politique notoirement confiscatoire. Cette résurgence du vandalisme révolutionnaire enrobé dans la langue de Maurice Halbwachs et de Norbert Elias est la conséquence directe de cette mission d'exploration des beaux quartiers lancée par la sociologie française au lendemain du 10 mai 1981. Les explorateurs, c'est un fait pourtant bien connu, précèdent toujours les missionnaires, puis les spoliateurs.

En réalité, la France des châteaux, des salons et des cercles, si elle a encore de beaux restes, n'a plus réellement de pouvoir économique, et l'influence politique lui a définitivement échappé avec l'échec d'Edouard Balladur à l'élection présidentielle, le dernier de nos chefs de gouvernement qui, dans la lignée de Guizot, Thiers ou encore Léon Blum, ait cherché l'approbation des salons parisiens. Cette France enfouie mais encore vivante peut-elle, désormais, irrémédiablement disparaître ? Elle avait montré jusque-là une formidable capacité de résistance et d'adaptation en maintenant toujours intact un pouvoir de séduction exercé depuis des siècles. Elle a su, on l'a dit, capter puis inspirer le génie de littéraires auquel elle doit d'être devenue une œuvre d'art vivante, car ses lettres de noblesse les plus précieuses n'ont pas été signées de la main des rois de France mais de celle, le plus souvent plébéienne, des plus grands écrivains français. A chaque génération et après chaque bouleversement historique, l'aristocratie française a su entrouvrir les portes de ses hôtels pour que de nouveaux venus, aussi rigoureusement sélectionnés que des chevaux de course, puissent la rejoindre et même l'épouser. L'étranger n'était ni rejeté ni dédaigné pourvu qu'il fût bien élevé, richissime et extravagant. A la vérité, elle disposait dans son jeu d'une carte maîtresse abattue avec la grâce vénéneuse de Mme de Stasseville à sa table de whist : le snobisme et son besoin irrépressible d'ascension par l'imitation.

Or, aujourd'hui, le faubourg Saint-Germain, ou plus exactement ce qu'il en reste, n'a plus d'imitateurs. Les modèles sont ailleurs. Dès l'entre-deux-guerres, les vedettes ont commencé à remplacer les duchesses dans l'imaginaire collectif, et depuis les princesses n'ont cessé de se conduire plus mal que des vedettes. Les grandes fortunes de l'industrie et des médias se ruinent aujourd'hui en caprices vulgaires et collections d'art contemporain, les hommes d'affaires n'entretiennent plus d'actrices, ils les épousent et poussent le mauvais goût jusqu'à les tromper sur papier glacé. A quelques très rares exceptions près, la rage d'être « reçu » dans les salons les plus exclusifs est une pathologie en voie d'éradication. Le videur d'une boîte de nuit à la mode a pris, de nos jours, plus de valeur sociale que le bristol armorié d'une grande dame pour lequel un banquier d'autrefois aurait offert sa fille, sa fortune et même la religion de ses pères.

Et pourtant, ce monde-là résiste à tout, à la désaffection comme aux taux d'imposition extravagants, il maintient pour lui seul et quelques rares « happy few » stendhaliens un mode de vie que l'on pense disparu. Il existe encore à Paris, malgré le couvre-feu égalitaire et démocratique, selon la belle expression de mon ami E. de M***, des maisons où l'on reçoit dans les règles et où l'on cultive cet art de la conversation qui a éduqué le reste de l'Europe. Il existe encore en province des châteaux où résonne le son du clavecin et de la trompe les jours de chasse. Il existe encore un monde où l'on reçoit et où l'on est reçu, un monde aujourd'hui discret car il aime à se dire irrémédiablement condamné mais ne cesse de se survivre avec une grâce infinie. Un monde dont la France ne veut plus mais qui a fait de la France ce qu'elle est. Le jour où ce monde aura définitivement disparu, lorsque les derniers hôtels fermeront pour laisser la place à des maisons de commerce, la France ne sera plus la France mais un pays banal, un pays normal, une démocratie moderne aussi ennuyeuse à vivre que l'Amérique de Tocqueville.

Ce monde à l'origine n'était pas le mien. Ma famille, un peu décoiffée par les vents précoces de 1968 mais profondément enracinée dans sa terre languedocienne, n'était pas parisienne. Mon arbre généalogique n'avait jamais aventuré la moindre branche plus au nord que les Cévennes, et son horizon social s'est borné pendant plusieurs siècles à une petite capitale méridionale transformée depuis peu, pour son plus grand malheur, en une métropole régionale boursouflée et inondable. J'étais simplement le rejeton d'une de ces familles provinciales et bourgeoises, parfois tombées, et sur lequel, par un très ancien réflexe de survie maintes fois décrit, une lignée au bord de l'effacement place tous ses espoirs de reconquête sociale. Ma grand-mère ne recevait pas ou très peu, le beau linge chiffré et damassé restait plié dans ses hautes armoires, et l'argenterie édentée dans un vieux coffre-fort ignifugé, mais elle m'avait appris la différence entre la ganse de soie qui souligne un pantalon de smoking et celle, tressée, qui court sur le pantalon d'un frac, qu'avec l'un on porte la cravate noire et avec l'autre la cravate blanche, nouée de préférence. Je lui dois aussi d'avoir su distinguer, avant même d'apprendre à lire, un cabriolet Louis XV d'une chauffeuse Louis-Philippe. On m'initia, plus tard, au baisemain. Quant à d'Hozier, juge d'armes de Louis XIV, il avait eu le bon goût et surtout la prévoyance d'armorier, dès 1696, ma famille paternelle qui à la vérité n'en demandait pas tant et ne s'en souciait guère, à l'exception d'une branche aînée fabuleusement enrichie dans le commerce du Levant, aujourd'hui éteinte et qui nous ignora toujours. Mon père, lui, me donna deux conseils essentiels à ses yeux pour avancer dans le monde, savoir faire rire les femmes et laisser, le plus discrètement possible, des pourboires généreux. C'est donc muni de ce bagage que je suis parti, un jour, comme d'autres Rastignac avant moi, à la conquête de Paris et à la rencontre du noble Faubourg. Si Proust berça mes rêves de jeune homme, mon parcours, lui, avait été inscrit dès l'enfance dans un imaginaire balzacien.

Mon mariage, le jeu des alliances familiales, des rencontres, des voisinages de campagne, des affinités électives et, disons-le, les allées du pouvoir ont fait le reste. Certaines portes m'étaient naturellement ouvertes, d'autres ont glissé sur leurs gonds comme par enchantement et je fus, je crois, accepté, je n'ose pas dire adopté, avec l'extrême délicatesse que ce monde, qui sait pourtant être féroce, met en toute chose lorsqu'il veut obliger. J'ai vécu là des moments exquis de civilisation dont les raffinements d'esprit s'accordaient à merveille avec les fleurs des surtouts de table. Dans ce « pays-ci », qui a ses prolongements secrets à la campagne, chaque dîner est un petit spectacle éphémère dont les acteurs connaissent leur rôle depuis la naissance, ce qui les dispense de se mettre en scène. Il leur suffit d'être sans avoir à paraître pour leur plus grand repos, autant que pour celui de leur vis-à-vis. Il a pu m'arriver de m'ennuyer ferme devant des chorégraphies contemporaines, jamais devant le ballet des préséances au moment de passer à table.

Fallait-il témoigner pour autant ? Raconter tout cela comme je l'avais fait de mon expérience élyséenne aux côtés de l'ancien président de la République ? Décrire ces scènes de salon que d'autres ont immortalisées, bien avant moi, avec un génie littéraire auquel il n'est évidemment plus question de se mesurer ? M'était-il permis de raconter les choses vues et les propos échangés à la lumière tremblante des flambeaux d'argent ? La trahison n'est pas dans ma nature, on ne peut pas avoir tous les défauts, aussi ai-je souhaité voiler, même si ce voile est parfois un peu transparent, l'identité de mes hôtes. Une lettre majuscule suivie de trois astérisques viendra donc, comme au XVIIIe siècle, titiller la curiosité du public tout en ménageant la pudeur de ceux qu'il était alors convenu d'appeler les « Grands ».

Après m'être essayé à emboîter le pas de ces mémorialistes dont j'avais fait mes délices, pouvais-je prétendre succéder aux auteurs qui ont élevé la chronique mondaine au rang de chef-d'œuvre absolu ? Evidemment, non. Il ne pouvait pas en être question, sauf à sombrer dans le pastiche sans talent. Il n'était pas davantage envisageable, on l'aura compris, de maquiller ce livre en ouvrage d'histoire ou de sociologie, ils abondent, et je n'inscris pas le Collège de France au programme de mes ambitions. J'ai tout simplement repris la plume pour échapper à une période noire de mon existence marquée par les deuils, les abandons et les trahisons, mais aussi pour me désennuyer d'une société où les bien-pensants et l'égalitarisme triomphent. Il aurait été un comble que j'ennuie mes lecteurs par de savantes démonstrations. Si j'ai entrepris la rédaction de ce livre, c'est, encore une fois, pour le seul plaisir d'écrire et de sacrifier tout à la fois à mon goût du récit et à ma passion de l'anecdote, mais c'est aussi pour rendre un hommage ému et parfois amusé à cette France que j'aime, qui ne veut pas mourir et qui est parvenue, mais pour combien de temps encore, à suspendre la marche du temps perdu.

Zouaves et korrigans

Le vieux préfabriqué surplombait de ses fenêtres aux vitres jaunes l'ancien hôtel des Menus Plaisirs. Un mois venait de s'écouler depuis la rentrée et, juché sur ce point de vue, je découvrais tout à la fois Versailles et le structuralisme.

Sur la haute estrade de bois, une petite femme aux cheveux de jais, un peu boudinée dans sa jupe longue trop ajustée, faisait les cent pas. Elle martelait les planches poussiéreuses de ses drôles de talons bobines et nous racontait la fin du règne de Napoléon III en fustigeant tout à la fois la vulgarité de la fête impériale et une politique étrangère calamiteuse.

Parfois, roulant des yeux terribles pour mieux prendre son public à témoin, l'actrice improvisée s'arrêtait net, donnait un grand coup de poing sur le bureau en Formica, s'emparait du lourd volume qu'elle venait de faire sursauter et l'envoyait d'un geste brutal au fond de la classe où il venait s'écraser aux pieds d'une élève d'hypokhâgne livide et tourmentée.

Une bordée d'imprécations funestes adressées à notre avenir compromis accompagnait aussitôt le savant projectile. Notre attention était doublement requise. Il allait être question de l'unité italienne, de Garibaldi et du pape Pie IX.

« *Un tonneau de merde !* », expectorait avec délectation la pythie énervée, insistant bien sur les deux dernières syllabes.

Heureuse de l'effet produit par les mots prononcés, elle reprenait lentement sa respiration et répétait : « Oui, *un tonneau de merde*, c'est ainsi que Garibaldi qualifiait le pape Pie IX retranché derrière les murs de Rome et défendu par une poignée de zouaves pontificaux. Des Français et des Belges pour la plupart, ajoutait-elle d'une moue dédaigneuse, passons pour les Belges, mais des Français, figurez-vous, qui n'avaient rien de mieux à faire que de venir défendre l'obscurantisme et les Etats pontificaux. Un ramassis de fins de race et de noceurs que les Chemises rouges de Garibaldi tailleront bientôt en pièces. »

Puis, sortant de sa rêverie sanguinaire bercée par le final de *Nabucco* où des baïonnettes armées pour la liberté des peuples s'enfonçaient dans la poitrine chlorotique des soldats de Charette, elle revenait à elle, nous toisait, saisissait sa chevelure à deux mains et, d'un ton de profonde lassitude morale, murmurait de façon pourtant intelligible :

« Evidemment les zouaves pontificaux, Garibaldi, Pie IX, tout cela ne vous dit rien… Rien du tout. » La voix montait de nouveau dans les aigus, couvrait le ronflement rassurant du vieux poêle à mazout censé chauffer la classe sans pourtant venir à bout de la buée peinte sur les vitres, se faisait sifflante, à son tour, entamant l'interminable et inévitable lamento : « Vous ne savez rien sur rien, je suis fatiguée, oui, fatiguée de donner des perles à des pourceaux. »

Même le crissement des plumes sur le papier bon marché de nos cahiers s'était tu ; chacun craignait de voir le dernier volume du Milza resté sur le bureau venir l'atteindre sans crier gare. La peur et l'admiration nous saisissaient.

« Mais bien sûr, madame, que cela me dit quelque chose, mon arrière-grand-père a été blessé à la Mentana. »

La phrase prononcée derrière moi provenait d'un petit groupe de jeunes filles blotties les unes contre les autres, si invariablement vêtues du triste cardigan bleu marine croisé sur un corsage immaculé qu'elles formaient, à mes yeux, depuis plusieurs semaines un troupeau indistinct et docile. Certes, les unes étaient joviales et rebondies, les autres maigres et distantes, mais il m'était impossible de les individualiser. J'étais, en réalité, beaucoup plus attiré par un autre groupe, chahuteur et déluré, tout au moins en apparence, où j'avais déjà remarqué celle qui deviendrait un jour ma femme. Un fossé séparait les deux coteries, les unes anciennes élèves de Saint-Pie-X restaient évidemment attachées au rite tridentin, les autres venues de Blanche-de-Castille n'allaient plus très régulièrement à la messe. Elles avaient toutes en commun, pourtant, de pénétrer pour la première fois dans un établissement public, d'élite certes, mais public. Les premières offraient cette courte expérience en sacrifice pénitentiel, les autres savouraient une liberté et une mixité, très relatives en vérité, mais qui ne leur apparaissaient pas sans charmes.

Il n'était pas difficile de mesurer le courage dont venait de faire preuve l'ancienne pensionnaire des dominicaines du Saint-Esprit pour revendiquer publiquement l'héroïsme pontifical de son aïeul. Chacun de nous restait interdit, et la jeune fille avançait vers le martyre, comme on le lui avait appris à Saint-Cloud, le front haut pour honorer Dieu mais les yeux baissés pour ne pas exciter le bourreau.

Sur l'estrade, l'ancienne secrétaire de section du parti socialiste dont les larmes avaient coulé abondamment quelques années plus tôt avec l'élection de François Mitterrand demeurait pensive, presque égarée, comme si l'évocation du compagnon d'armes de Lamoricière n'atteignait pas encore son entendement. Pour nous, il devenait évident que le dernier volume du Milza allait être offert en holocauste avec la « fille de Saint-Pie-X ».

Il n'en fut rien : d'une voix parfaitement posée, comme une assistante de cirque plongée dans un sommeil très artificiel par un fakir de Ménilmontant se réveille de l'hypnose, elle se tourna vers l'élève sage mais courageuse et lui dit : « Votre aïeul était à la Mentana ? Parfait, vous me préparerez l'exposé sur la politique italienne de Napoléon III car le temps nous presse et je veux aborder la Commune dès la semaine prochaine. »

Un brouhaha prudent signala le soulagement général mais mon esprit, lui, avait déjà pris la fuite. J'étais à Rome, en 1870, dans l'enceinte d'un Vatican assiégé, je regardais défiler ces soldats du Christ étrangement déguisés en musulmans avec leurs pantalons bouffants largement ceinturés, portés sur des guêtres blanches, et leurs petites vestes gris-bleu joliment soutachées de rouge. Ces fils de famille à fines moustaches blondes et dont le havresac de toile contenait l'élégant nécessaire en vermeil, gravé aux armes d'une famille dont les meubles honorables avaient été gagnés à la croisade et offert, les mains tremblantes, par une vieille cousine dévote, provinciale et amoureuse, m'étaient naturellement sympathiques. Bien davantage, à la vérité, que les chemises rouges et sales, tirant déjà vers le noir, d'un Garibaldi au carbonarisme étroit et brutal. Les couleurs du pape, l'or et la pourpre, tournoyaient dans le ciel romain portées par la fine fleur de cette aristocratie française dont les pères avaient rejoint l'armée des princes en 1790 et repris du service malgré les courbatures dans la Légion du duc d'Angoulême en 1814. Ils appartenaient à ces familles épuisées par les siècles et dont le destin se résumerait, désormais, à tomber pour des causes perdues. Je me portais aussitôt avec eux sur la brèche de la porte Pie, à l'heure même où, convaincus de livrer la mère des batailles, ils recevaient l'ordre de cesser le feu du Saint-Père en personne et d'ouvrir la Ville éternelle aux troupes piémontaises du nouvel Odoacre.

La sonnerie perça ma rêverie d'un terrible coup de vrille. Il fallait maintenant se préparer à entrer en classe de philosophie décrypter *La Phénoménologie de l'Esprit* dans des explications de texte à haut risque.

Quelques jours plus tard, les petits talons bobines reprenaient leur piétinement scandé sur la vieille estrade, cette fois nous n'étions plus à Rome mais à Paris, en pleine semaine sanglante. Oubliant les délices sadiens avec lesquels elle décrivait l'agonie des troupes pontificales, notre Pasionaria compatissait, avec des sanglots dans la voix, à la répression de la Commune. Elle ressuscitait pour notre seule édification ces braves incendiaires enchaînés les uns aux autres, attendant tristement sous les voûtes de l'orangerie du château de Versailles qu'une justice militaire et donc menée tambour battant fixe leur sort. Soudain, la proximité des lieux ranimait chez elle la passion des barricades sur lesquelles elle avait, de son propre aveu, promené ses enfants en mai 1968. Les versaillais se confondaient alors dans son esprit révolté avec les brigades mobiles de l'Etat gaulliste, et, sans hésiter sur l'exagération pas plus que sur le ténébrisme, elle s'écriait : « Les Versaillaises étaient pires encore que la troupe, elles venaient visiter les communards enchaînés pour tenter de leur crever les yeux de la pointe de leur ombrelle. Oui, mes enfants, il n'y a rien de pire au monde que le visage hideux de la bourgeoise lorsqu'elle a eu peur. C'est elle qui a exilé Louise Michel, c'est elle qui a assassiné Rosa Luxemburg. Ne l'oubliez jamais ! »

Cette nostalgie révolutionnaire me laissait, en réalité, parfaitement froid, et je n'arrivais pas à m'émouvoir du sort réservé à ces pétroleuses mal peignées. Le « romantisme » de la Commune n'était qu'une plaisanterie à mes yeux. Cette emphase m'agaçait, je la trouvais un peu ridicule, même si j'éprouvais, alors, une vénération sans bornes pour celle qui la professait.

Soucieux de ne pas être en reste avec la descendante du zouave pontifical et de briller aux yeux du petit troupeau ultramontain, je demandai la parole et, sans l'attendre, je conclus ainsi le martyrologue des prisonniers de Mac Mahon :

« Oui mais, madame, les ombrelles étaient de chez Worth, le couturier de l'impératrice Eugénie… »

Junon dans sa colère ne se serait pas dressée devant moi en roulant des yeux plus furieux. Leur mouvement convulsif gagnait même l'aile de ses narines subitement dilatées par ce double frémissement nerveux. Les deux petits talons bobines ne tressautaient plus, ils venaient de se ficher dans le plancher mal équarri de l'estrade pour permettre à l'idole furieuse d'opérer un dangereux mouvement d'oscillation de l'arrière vers l'avant. La ruade devenait imminente. La foudre tomba net à mes pieds.

« Mais vous êtes fou ? Je crois que vous êtes fou… »

Un court silence suivi. Le mouvement oscillatoire devenait plus rapide.

« Non je ne *crois* pas que vous êtes fou. Vous êtes *vraiment* fou ! »

La sanction ne tarda pas à suivre.

« Sortez, je vous chasse de ma classe, sortez sur-le-champ ! »

Après avoir vérifié d'un œil inquiet qu'aucun volume solidement relié n'était à la portée de cette figure de la colère immense et menaçante, je ramassai mes affaires et sortis. En passant devant le petit troupeau quiétiste je répondis par un sourire narquois et, disons-le, bêtement satisfait, aux regards admiratifs des filles de

Saint-Pie-X. J'étais des leurs et je n'aurais pas hésité, pour cela, à professer le *Syllabus*.

Une semaine plus tard, je recevais de la descendante du zouave pontifical, comme un brevet d'honneur, une invitation à passer le week-end avec quelques amis chez ses grands-parents maternels dont le nom résonne encore aujourd'hui en Bretagne avec la force d'un cri de guerre. C'est tassés dans une voiture minuscule que nous fîmes donc l'interminable voyage aux confins de la Bretagne et de la Normandie où nous attendait, trapu, solide et mal réveillé le château de Bonnemare. La maison restait encore profondément enfouie dans ses édredons de brume lorsque nous arrivâmes. Mais au moment où nous descendions de la voiture, tout engourdis par le voyage et ankylosés par les derniers cahots de ces routes de bout du monde, le soleil vint laper doucement la lumière laiteuse dont nous étions nimbés. Le granit lustré des vieilles tours prit tout à coup un brillant inattendu, le château s'égouttait sur les immenses massifs d'hortensias roses et bleus heureux de lui servir, comme chaque matin, de sentinelles colorées et frémissantes.

Une fois passée la vieille poterne aux rinceaux ébréchés, notre bagage d'étudiant déposé dans un hall tapissé de haute lice, il fallut procéder au cérémonial de la présentation. Introduits, l'un après l'autre, dans une immense salle d'armes transformée en salle à manger par un de ces épigones de Viollet-le-Duc dont les méfaits innombrables continuent à marquer tout château un tant soit peu médiéval, nous fûmes présentés à tour de rôle par notre amie à un très vieux couple qui prenait là son petit déjeuner. Bien qu'à l'extérieur le soleil ait définitivement triomphé des brumes matinales, la lumière ne pénétrait qu'avec peine, presque à contrecœur, dans cette obscurité affreusement gothique, saturée de toiles peintes où des licornes aux croupes de percherons broutaient une herbe bleue semée de fleurs de lys peintes au naturel. J'apercevais à peine la silhouette des deux vieux magots de la première distinction posés précieusement l'un en face de l'autre autour d'une immense table soutenue par un bestiaire de bois sculpté, aussi pesant et fabuleux que celui qui paissait tranquillement autour de nous depuis un bon siècle. C'étaient là nos hôtes, les grands-parents de notre camarade de classe qui, en me présentant comme l'un de ses condisciples, insistait lourdement sur le courage dont j'avais dû faire preuve en classe pour défendre la fermeté du maréchal de Mac Mahon contre un corps enseignant gangrené par le communisme. Ses deux ancêtres, qui n'étaient pas encore passés des chaises aux cimaises de la salle à manger pour y rejoindre leurs propres aïeux, paraissaient ne rien entendre, concentrés dans la lente et discrète mastication de quelques biscottes sans sel, dont la boîte cartonnée et rectangulaire trônait aux côtés d'une théière ciselée comme une châsse de saint gaélique ; ils nous regardaient sans nous voir. Loin de m'abîmer dans la contemplation de ce décor légitimiste, outrageusement fleurdelisé et sans surprise, mon attention était captivée par le geste répété avec lequel la main noueuse mais fine de la vieille dame ramenait vers sa tasse de thé les débris émiettés de plusieurs générations de biscottes, comme pour rassembler des souvenirs égarés et sans suite. Rappelée tout doucement à ses devoirs de maîtresse de maison par les propos très respectueux de sa petite-fille, la comtesse de G*** interrompit la mécanique de son geste pour s'adresser à nous. Elle connaissait déjà l'autre garçon du voyage, c'était en réalité le fiancé présumé de mon amie, mais la demande n'ayant pas été faite officiellement, il fut traité comme un simple camarade dont on connaissait néanmoins le nom et les parents. Ce n'était pas mon cas, je me présentai donc comme on m'avait appris à le faire mais, surdité maligne ou réflexe de caste mal contrôlé, il me fut demandé de dire mon nom et non pas mon seul prénom. Or mon nom étant à lui seul un prénom, je n'eus pas d'autre échappatoire que de le répéter. L'éducation reprit alors immédiatement le dessus sur la vieillesse, et, comme pour me montrer que malgré la confusion possible entre un simple prénom et mon patronyme mon appartenance à un milieu acceptable ne pouvait faire aucun doute dès lors que j'étais leur invité, on me demanda quel était mon lien de parenté avec l'auteur des *Provinciales*. « Lointain… », fut ma réponse, mais elle convint et l'on expliqua évidemment le choix de mes études littéraires, surprenant pour un homme, par cette glorieuse et lointaine ascendance philosophique. Et puisque mon introductrice révélait maintenant à sa grand-mère mes origines méridionales, lesquelles venaient comme pour authentifier ma généalogie littéraire, celle-ci tint à me prévenir des facéties toujours possibles dans ce pays des gens du « petit peuple ». N'y comprenant rien, je demeurai prudemment sur mes gardes.

Le comte de G***, resté jusque-là silencieux, prit la parole avec cet accent du Jockey des années 1930 aujourd'hui entièrement perdu, pour nous souhaiter la bienvenue et mettre ainsi un terme à l'entretien. Sa petite-fille ne se le fit pas dire deux fois et nous entraîna aussitôt hors de la pièce pour monter à l'étage nous montrer nos chambres, ou plus exactement notre chambre car, pour ne laisser planer aucune espèce d'équivoque sur notre séjour, il avait été décidé que les deux garçons dormiraient ensemble.

La journée passa à inventorier la bibliothèque du château et à donner un coup de chiffon sur les reliures précieuses et les tranches marbrées mais poussiéreuses qu'aucun doigt curieux n'était venu troubler depuis des lustres. Nous étions aussi là pour ça, nos quelques mois d'hypokhâgne avaient pris subitement le poids d'un doctorat de l'Ecole des chartes et nous donnaient autorité sur les livres. Le fonds, celui d'un joyeux parlementaire du XVIIIe siècle, fleurait bon l'académie de province, la réforme Maupeou et les derniers volumes de l'*Encyclopédie* avec laquelle la famille avait pourtant pris ses distances depuis belle lurette. Tout en admirant les frontispices gravés, les ex-libris rocaille, les beaux maroquins dorés aux pièces de titres multicolores, les veaux marbrés et les dos plats armoriés, l'avertissement mystérieux de cette charmante vieille dame recroquevillée sur sa chaise Louis XIII à haut dossier m'intriguait. Le « petit peuple » local n'avait rien, à première vue, de particulièrement revendicateur, il m'était même apparu très respectueux des distances sociales et de la supériorité naturelle d'une famille restée féodale. Dans l'après-midi, alors que je parcourais seul l'immense parc à l'anglaise auquel le temps avait donné le plus beau naturel, j'avais aperçu, au bas d'un chemin, un petit homme noir de cheveux et vêtu de vieux tweed en pleine conversation avec un paysan descendu de son tracteur la casquette à la main et dont les reparties incompréhensibles pour moi, à la distance où je me trouvais, étaient invariablement ponctuées d'un « Monsieur le comte ». Nous n'étions pas dans les Landes, pas plus qu'au fin fond du Limousin rouge et, même sous la présidence de François Mitterrand, rien de tout cela ne pouvait laisser présager une agitation sociale dont un jeune étudiant, certes affublé d'un nœud papillon au milieu des chênes verts, aurait eu à craindre les mauvais coups. Tout ici paraissait parfaitement domestiqué, la nature, les instincts et les gens. Aussi l'avertissement inquiétant dont m'avait gratifié la comtesse de G*** me restait parfaitement obscur.

La cloche sonna l'heure du dîner, la bibliothèque fut abandonnée sur-le-champ, il fallait passer par nos chambres enfiler une veste et donner un coup à nos chaussures avant de descendre au grand salon. Là, l'oncle et la tante de mon amie, arrivés un peu plus tard dans la matinée, attendaient que je leur sois présenté après s'être versé un scotch tiré d'une carafe facettée comme le Grand Sancy. Je reconnus aussitôt l'homme vêtu de tweed aperçu le matin même. Basset d'excellente race, il formait avec sa femme un couple disproportionné : elle était aussi grande qu'il était tassé, aussi affable qu'il était rogue. Elle parlait avec simplicité, il ne s'exprimait qu'avec hauteur, celle de son nom et de sa naissance. Sa femme pouvait pourtant lui en remontrer sur cette question. Née au sein d'une des plus illustres et des plus anciennes familles de France dont l'origine légendaire puisait sa source au cœur de la nuit mérovingienne, mais rattachée sans conteste aux premiers Capétiens par ses parchemins, elle descendait, en ligne féminine, d'un empereur de Byzance et d'un roi d'Espagne. Ses ancêtres sans nombre avaient pris la croix, d'autres étaient tombés à Azincourt ou à Marignan, un roi les avait fait ducs, un empereur les avait fait princes. Ces gens-là avaient d'ailleurs pris pour mauvaise habitude d'être toujours plus royalistes que le roi, et pourtant bien des princes du sang auraient prié pour se prévaloir de l'éclat d'une telle ascendance. Son mari, lui, issu d'une maison certes presque aussi illustre mais de la branche cadette pleurait cette couronne ducale qui jamais ne viendrait timbrer ses macles restées, jusque-là, sans taches. Vif, nerveux, l'œil toujours courroucé, il ne m'accorda pas un regard, parlait coupes de bois avec son père venu nous retrouver alors que sa femme se montrait sous un jour nettement plus aimable.

Le salon, étouffé par les portières et les cantonnières, pas plus que le reste de la maison, n'avait échappé au vandalisme du délire troubadour, les cheminées stuquées comme des courtisanes prenaient la pose dans des déhanchements fin de siècle, le mobilier, à l'avenant, accumulait poufs, causeuses, bornes tapissières avec autant de fastes défraîchis que le Louvre du duc de

Morny. De temps à autre, un meuble somptueux venait sauver l'ensemble et rappeler discrètement qu'un jour le goût avait été suffisamment répandu dans la famille pour faire appel aux bons ébénistes, à moins que ce ne fût là le cadeau de mariage d'un Boni de Castellane toujours inspiré. Un portrait au pastel de Quentin de La Tour trônait au milieu de la pièce sur un chevalet drapé à la Sarah Bernhardt, il faisait l'orgueil de la maison, et l'on me confia que, par peur des cambriolages, il regagnait tous les hivers, lorsque le château était abandonné aux courants d'air, une cache secrète ménagée dans les murs de la grosse tour où un pauvre prêtre réfractaire avait dit la messe aux heures les plus aiguisées de la Révolution. C'était la seule véritable œuvre d'art de cette maison solidement construite au XVIe siècle mais ravagée par l'affreux goût légitimiste répandu partout en France après 1830 et aussi mal meublée que possible par souci de ne pas faire bourgeois. Il n'y avait pas d'ailleurs là le moindre risque.

Pour le dîner, je retrouvai la vaste salle à manger du rez-de-chaussée où nous avions été introduits le matin. La vieille comtesse, tout comme son mari, occupait la même place, et, à ma très grande surprise, la même théière et le même paquet de biscottes avaient été posés devant eux alors que la table était dressée de façon plus rassurante pour les autres convives.

Ces vieux Bretons ne se nourrissaient plus que de thé et de biscottes mais ils continuaient d'accomplir leurs devoirs de maîtres de maison. Une fois terminée la conversation bocagère entre le père et le fils, la descendante des derniers princes de Trébizonde ouvrit le bal en s'adressant aux jeunes invités du week-end pour les interroger sur leurs études puis sur le déroulé de la journée et les projets du lendemain. Impressionnés par l'ombre portée des deux vieillards à biscottes et la morgue silencieuse du premier des cadets, la conversation languissait. Ma condisciple se désespérait de nous voir si peu loquaces alors même qu'elle avait, de toute évidence, dû vanter notre esprit comme notre vivacité pour obtenir l'autorisation de cette invitation, et elle craignait surtout que l'effet produit par son fiancé supposé dont le nom, à première vue, était déjà trop court, ne soit considéré comme très insuffisant. Les relances retombaient les unes après les autres et devaient être desservies en même temps que les plats maculés.

La nuit était profonde et, le dessert avalé, il allait être temps de nous retirer pour ne pas fatiguer les deux figures héraldiques assises à la table. C'est alors que la comtesse de G***, dont la seule occupation jusque-là avait été de tourner lentement une petite cuillère en vermeil dans une tasse de la Compagnie des Indes, posa sa tartine beurrée à même la nappe et laissa tomber d'une voix d'outre-tombe : « Surtout, ce soir, remontez dans vos chambres sans faire un tour de parc, l'heure est mauvaise, le petit peuple furieux, il ne manquerait pas de vous faire entrer dans la danse. » Aucun membre de la famille ne sembla prêter la moindre attention à ce conseil étonnant ; le premier de meute continuait à poser un regard navré sur l'insuffisante couronne comtale sculptée sur le manteau de la cheminée, sa femme conservait le sourire droit que l'on voit aux impératrices de Ravenne, et mon camarade de chambrée, conscient de son insuffisance, prenait le plus grand soin de peler sa pomme à l'aide d'un couteau à manche de nacre et de sa fourchette, espérant ainsi un repêchage aux épreuves techniques malgré l'échec de son oral mondain. Seule sa fiancée avait semblé surprendre mon regard interloqué et, soucieuse de minimiser toutes ces extravagances, elle m'expliqua que sa grand-mère, désignée sous le sobriquet bretonnant de « mam goz », était un peu poète à ses heures, se passionnait pour le petit peuple surnaturel qui encombre la mythologie celtique et traduisait en vers libres les vieilles légendes de la lande.

Elle fut immédiatement coupée par la poétesse : « N'écoutez pas ma petite-fille, cher monsieur, ce ne sont là ni des légendes ni des mythes mais une autre réalité, la réalité souterraine qui coule dans les eaux sacrées de nos forêts et serpentent autour de nos vieux mégalithes. » Le tour pris subitement par la conversation m'enchantait et, au grand effroi du reste de l'assistance, j'avouai à « mam goz » mon ignorance complète en matière de folklore et de lutins, mais sans oser me permettre pour autant d'ajouter que ma seule intimité avec ces petits êtres se limitait, en réalité, aux Schtroumpfs de Peyo.

« Mais qui vous parle de folklore ? Qui vous parle de lutins ? Laissez le folklore à vos savants et les lutins aux enfants. Je vous parle d'êtres vivants charmants et redoutables, de mes amis korrigans à la longue chevelure rousse, de leurs cousins les kornigarets griffus et hirsutes, des petits choriquets malingres et malicieux et enfin des poulpiquets, bâtards aussi dangereux que maléfiques, produits de la mésalliance coupable entre nos deux mondes. » J'étais tombé chez des druides du meilleur monde mais je ne le savais pas...

Sans me laisser le temps de me remettre de ma surprise et de poser la moindre question, la vieille dame enchaîna sur-le-champ : « Ce soir, je vous le dis, les korrigans sont inquiets, ils n'aiment pas la couleur de la lune et craignent pour les fées les plaisanteries sales des poulpiquets, il ne faut pas sortir, ils vous feraient danser... »

La cousine des rois d'Espagne aimait bien les nains mais uniquement dans la peinture de

Velázquez, elle mit donc un terme à cet échange fascinant en s'adressant directement à sa belle-mère : « Ma mère, il est temps de laisser ces jeunes gens aller se coucher. Ils ont fait une longue route et ils sont certainement éreintés, n'oubliez pas qu'ils vont à la messe de 9 heures demain matin. »

Chacun comprit, se leva, salua respectueusement les deux druides mondains et monta dans sa chambre. En fermant la porte de la nôtre, nous partîmes dans un immense éclat de rire. La vieille comtesse de G*** était un peu piquée mais autrement plus amusante que son fils dont le gilet de chasse boutonné jusqu'au col ne suffisait pas à élancer la taille.

Rejoints par sa petite-fille, et après avoir vérifié dans l'immense corridor qu'elle n'avait pas été suivie par un farfadet en bas âge prompt au mouchardage, nous veillâmes tard dans la nuit en lisant des passages de contes libertins découverts sur le second rayon de la bibliothèque et en vidant le flacon de cristal taillé repéré au grand salon puis subtilisé au nez et à la barbe de poulpiquets effarés. Il était question, là aussi, de grelots, de fées, de sortilèges et de baguettes magiques, mais d'un tout autre genre…

J'espérais que, mis en jambes par cette littérature de la main gauche, mon compagnon de chambre la déserterait toutes lumières éteintes pour aller joyeusement fêter Pâques avant les

Rameaux avec celle qu'il devait de toute façon épouser, et qu'il m'abandonnerait ainsi la totalité de l'étroit lit à baldaquin.

Il n'en fit rien, s'endormit et ronfla toute la nuit. Il était certainement fait de pierre, comme le zouave du pont de l'Alma.

Concert au château de D***

Il existe encore dans la campagne française des relais mondains, comme il existait autrefois des relais de chasse. Au creux du bocage, le château de D***, belle maison Louis XIV à l'austérité légèrement janséniste, dissimule l'un d'entre eux où, à près de soixante lieues de Paris, l'on respire l'air du faubourg Saint-Germain aussi bien que sur le parvis de Sainte-Clotilde par un dimanche d'avril.

C'est là que vit retiré, sans pour autant renoncer définitivement au monde, celui qui régna pendant plus d'un demi-siècle sur les lettres françaises. L'homme, d'une discrétion qui étonne dans un univers où le carnet d'adresses est devenu une valeur marchande, fut en effet l'un des pivots de la vie littéraire parisienne du siècle dernier. Il faut pourtant le hasard d'une conversation au coin de son feu, lorsque l'hiver feutre les confidences, et une longue amitié pour apprendre incidemment que le maître de maison fut l'ami intime de Prévert et de

Green, qu'il disputait des parties de volley-ball endiablées avec Paul Morand sous le regard bistré de la princesse Soutzo et que Marguerite Yourcenar, parvenue à la dernière extrémité de sa vie, le fit appeler à son chevet pour lui confier son œuvre et lui demander de lui fermer définitivement les yeux. De ce passé, il est possible de retrouver la trace dans les mémoires secrets de la République des lettres, mais à la condition de s'en donner la peine et de lire les bons auteurs.

Pourtant, ce n'est pas pour parler de littérature et tenir bureau d'esprit que vous êtes convié l'été à venir prendre un verre à D*** mais pour écouter de la musique ancienne, cette musique aujourd'hui qualifiée de baroque et pour laquelle Stendhal prêtait un goût immodéré et démodé à sa princesse de Parme, plus inspirée en cela que sa lointaine parente de la *Recherche* incapable, quant à elle, on le sait, de faire la différence entre Couperin et Chopin.

Ici on joue uniquement sur des clavecins, le piano jugé trop répandu a été abandonné depuis longtemps aux parquets bourgeois des appartements parisiens. Particularité extravagante de cette maison, elle n'abrite pas un de ces instruments mais sept. Chaque pièce de la maison, sauf peut-être le grand salon, en accueille au moins un, et c'est ainsi que le maître des lieux parcourant ce gynécée instrumental peut chaque matin choisir d'interpréter toute la musique écrite depuis Monteverdi jusqu'à Piccinni sur l'instrument contemporain du compositeur. C'est ainsi que chaque matin, le châtelain jette la partition à l'instrument qui aura ses faveurs comme le Grand Sultan le faisait de son mouchoir à la concubine du soir. Même Huysmans saturé par les fumées de l'opium n'aurait pas rêvé d'un tel raffinement pour son des Esseintes. Il lui aurait tout simplement paru hors d'atteinte.

Les premières voitures se rangent sagement sur le gravier impeccablement ratissé de la cour d'honneur quand les retardataires se contenteront tout à l'heure de longer piteusement les hauts murs d'enceinte pour arriver dans un silence patient mais courroucé.

La chaleur de l'été, rarement insupportable sous ces latitudes tempérées, supporte le veston et la cravate pour les hommes – un col ouvert désignerait immanquablement un invité surnuméraire ayant confondu le débraillé d'un concert public avec un « pot à D*** » –, car seul le maître de maison et quelques rares intimes s'autorisent le foulard de soie, et encore, dans l'unique but d'éviter toute gêne aux nouveaux venus ou aux étourdis. C'est ainsi que ce même foulard de soie, suivi d'un chien immense et qu'il aime entre tous, vient au-devant de ses invités jusqu'à l'heure fixée pour le début du concert. Ce délai passé, il reviendra à la fidèle gouvernante d'ouvrir la porte et de diriger chacun vers le salon choisi, ce jour-là, pour son clavecin.

Des gens qui ne se quittent pas de l'été – le dernier cocktail n'est jamais loin – paraissent surpris de se retrouver alors même qu'ils ne sont pas menacés de se perdre de vue. D'autres sont venus de plus loin, des stations balnéaires égrenées par le duc de Morny le long de la côte normande, du pays d'Auge si proche mais si profond que l'on s'y perd souvent à la recherche d'une maison amie ou d'une petite église aperçue et jamais retrouvée, du Paris désert et surchauffé ou encore d'une Belgique lointaine et toujours plus brumeuse que les côtes de la Manche mais où il flotte encore un vrai parfum de cour. Quelques femmes vont jusqu'à repousser avec beaucoup de douceur les égards particuliers dont on cherche à les entourer et refusent les sièges avancés par leur hôte pour leur préférer les simples tabourets à pieds de biche placés dans les embrasures de fenêtre. On insiste mais elles résistent et demeurent, certainement par atavisme, attachées à leur tabouret.

La petite foule mondaine et campagnarde s'installe lentement, quand un vieil officier de l'armée des Indes ayant choisi, dès après la guerre, d'imiter le Beau Brummell dans son exil normand, et dont l'esprit flotte avec la même nonchalance que le glaçon qui baigne dans son verre à whisky, s'étonne, de façon à être entendu, que des femmes, ainsi à portée de voix, s'autorisent à se présenter dans un salon en pantalon. Lui-même arbore un énorme pansement du meilleur goût sur son crâne chauve, sa compagne déjà un peu ivre, assise avec une dignité victorienne sur un immense fauteuil Louis XIV orné de larges fleurs de pavot, lui recommande avec cet accent inimitable des femmes trop longtemps mariées à des Anglais d'arrêter de « dire des conneries » et de faire comme elle avant que tous les sièges ne soient pris d'assaut. Il obtempère en titubant mais continue à maugréer puis, me prenant directement à partie, décide de me confier, toujours à haute voix, détester les clavecins et n'avoir d'oreilles que pour la trompe de chasse. Tiré brutalement par le pan de sa veste en toile d'uniforme, le vieil homme s'effondre plus qu'il ne s'assoit aux côtés de sa femme et se met à entonner la fanfare du *débuché* en soufflant dans une trompe imaginaire, soumettant ainsi à sa couperose une tension dangereuse. C'est le moment choisi par son neveu, très au fait certainement des dérapages musicaux de son vieil oncle, pour venir lui proposer d'échanger son verre vide contre un verre plein. Le compagnon d'armes de lord Mountbatten, ému aux larmes et plein de gratitude pour la noblesse de ce geste, décide d'aimer le clavecin et d'abandonner le répertoire du *hourvari* jusqu'à nouvel ordre. Il se montre même désormais furieusement impatient de voir le concert commencer. La bouteille de whisky n'aura fait qu'une apparition furtive sur son plateau d'argent pour aller retrouver l'orangerie où se tiendra le cocktail tout à l'heure. Il n'était donc plus permis d'attendre.

Le jeune et brillant claveciniste invité pour l'occasion, mais terriblement intimidé à l'idée de poser les mains sur un clavier joué par les plus grands, s'installa rougissant, puis fut rassuré par l'enthousiasme bruyant de ce vieux monsieur très chic qui l'encourageait dans un anglais de club. Cette langue d'Eton colorée et assouplie par le malt écossais le plus pur... Le neveu si bien intentionné, pourtant lui-même flanqué d'un pâle Ganymède, observait, pour sa part, en expert des instruments à vent les mains magnifiquement déliées du jeune interprète. Sa cousine, à laquelle il prétend devant tout le pays faire la cour depuis trente ans, n'a en revanche plus un regard pour lui. Elle est mariée, elle.

Tout est prêt, les fauteuils en tapisserie de Beauvais et les chaises garnies au point de Saint-Cyr font cercle autour d'un incroyable instrument. Le clavecin vient d'être ouvert avec d'infinies précautions, il repose sur son piètement « doré à l'argent » comme on le lit parfois dans les vieux inventaires des maisons princières. La caisse vénérable décorée de grotesques et de lambrequins, de minuscules guirlandes de roses et de petits festons dorés, sert de terrain de jeux à toutes sortes d'animaux, parfois exotiques, souvent fabuleux. Un éléphant sonne lui aussi de la trompe, une licorne cherche à désengager son encombrante corne des lacs de soie bleue où elle est tout empêtrée, un lapin minuscule niché sur une volute pourpre se tient bien sage. Voilà plus de trois siècles que ses grandes oreilles écoutent une musique qui pour lui n'a rien d'ancienne. Enfin, le silence, après avoir longtemps joué des coudes au milieu des conversations, s'installe, et le concert commence. La caisse du clavecin s'ébroue, les premières notes paraissent crisser puis, très vite, sous la caresse de doigts experts, l'instrument s'échauffe. Le pincement des cordes devient plus souple, plus naturel à nos oreilles, et c'est une musique incroyablement vivante qui nous parvient. A cet instant, l'été normand au sommet de sa courte gloire fait une apparition brutale dans la pièce, un doux soleil tout ruisselant encore des eaux de la Manche où il était allé se tremper éclaire les tapisseries éteintes, les ors fanés, et achève de faire danser les animaux fantastiques réveillés de leur sommeil séculaire par la folle sarabande d'un clavier qui n'a maintenant plus rien de bien tempéré.

Le public, pourtant plus mondain que musicien, n'est pas loin du ravissement. La tête qui dodelinait quelques instants plus tôt dans l'encadrement de la fenêtre ne montre plus aucun signe de lassitude, elle bat désormais la mesure, le vieil Anglais, lui, dompte avec courage le tigre indien surgi de ses rêves, les boutons des rallyes les plus fermés ne chevauchent plus leur ennui, un petit miracle s'est produit, toute brutalité semble avoir soudainement disparu du monde. Les applaudissements font ressac. Chacun se lève, les retardataires débarrassés de leur mine gênée par la brusque effusion des commentaires enthousiastes saluent les visages auxquels ils n'avaient pu s'adresser que par signe puis se pressent vers l'embrasure des fenêtres où des femmes titrées attendent, l'air de rien, les hommages qu'elles étaient en droit de recevoir autrefois dans leurs loges de l'Opéra lors des grandes soirées de gala. Le jeune claveciniste engoncé dans une veste trop étroite et coupée dans un tissu bon marché à la brillance suspecte remercie son hôte, répond en rougissant aux compliments qu'en passant on lui adresse, mais ne quitte pas des yeux l'instrument auquel il a arraché de ses caresses nerveuses et empressées des soupirs de plaisir vieux de trois siècles. Il bégaie un peu lorsque le maître de maison le présente à la princesse de C***, folle elle aussi de musique ancienne.

La vaste entrée traversante au joli pavage à cabochons assiste maintenant au défilé des invités heureux de pouvoir gagner les jardins pour se dégourdir un peu les jambes et rejoindre l'orangerie où les attendent un champagne parfaitement frappé, de délicieuses petites aumônières au chocolat et les charmes d'une conversation entre gens bien nés.

Le vieil officier anglais fouetté par l'odeur de l'écurie a retrouvé des jambes de vingt ans, il s'est frayé un chemin parmi les invités et, répondant le plus rapidement possible au salut des uns et des autres, il a été l'un des premiers à traverser le vestibule, à descendre les quelques marches du perron côté jardin. Désormais il avance à marche forcée vers les félicités de l'orangerie. Déjà parvenu au milieu de l'allée de sable, il n'a pas un seul regard pour les jolis massifs de fleurs pourtant amoureusement disposés par le jardinier à l'intention des invités au concert de Monsieur, son sparadrap à moitié décollé flotte sur le haut de son crâne comme un fanal dérisoire. Se traînant à sa suite, comme une laie épuisée par le chemin parcouru, sa femme le hèle sans succès, il est sourd, il a soif. Les derniers mètres franchis sans peine, le voilà englouti dans une ombre bienfaisante, il a bel et bien disparu quand tout à coup l'éclat ambré du whisky prisonnier d'un verre en cristal adresse à sa vieille

Ariane laissée sur le bord du chemin un message en morse amical et rassurant. Il a étanché sa soif, il fait frais, le concert est terminé, elle peut prendre son temps, la bouteille de scotch est à l'abri. De son œil plein et rond il avise son grand neveu qui s'est rapproché de sa tante sans bien savoir si ce dernier s'est précipité sur elle pour prendre son pouls ou tout simplement soin d'elle. La subite transmutation de son sang fatigué en alcool parfaitement distillé lui donne de l'indulgence et même du détachement. D'un geste bref et libérateur, il arrache les restes du sparadrap encore retenus par les derniers cheveux de son crâne. Il savoure son verre avec délectation et fait à chacun les honneurs d'une maison qui n'est pas la sienne. Il est maintenant fin soûl mais d'une parfaite maîtrise de lui-même. Il tombera peut-être tout à l'heure de tout son long sur le grand tapis élimé de son propre salon mais il restera gentleman jusqu'au bout de la bouteille de son hôte.

Le gros des troupes resté à l'intérieur du château se déverse à pas lents sur les premiers parterres, admire les nouvelles topiaires, remercie et félicite le maître de maison qui peine à donner ses ordres pour la suite des festivités. Très vite l'orangerie est pleine, et les verres se vident. Il y a là, non pas du monde, mais le meilleur monde car le château de D*** occupe une place très particulière dans la géographie secrète de la carte mondaine.

Ce n'est pas un de ces châteaux de province un peu bêtes, démeublés par les partages et les cambriolages, occupés tout l'été par une famille aussi interminable que le faux nom qu'elle porte, où des gendres en pantalon rouge rêvent à se désennuyer avec la baby-sitter polonaise sans avoir le courage de vraiment tromper leur femme, et où des nièces sans nombre cherchent, de leur côté, à plaire à une grand-tante plus amoureuse de ses rosiers que de son défunt et peu regretté mari. Une de ces maisons de famille où l'on se donne encore pour quelques semaines d'été l'impression d'appartenir à un monde dont en réalité on n'a jamais fait partie et alors même que, dès la rentrée, il faudra retourner s'entasser dans une affreuse résidence de la région parisienne et reprendre des jobs salariés autrefois dévolus aux enfants des métayers.

Le château de D***, lui, relève d'autre chose, il ne singe pas un mode de vie, il ne ressuscite pas maladroitement un décor en trompe-l'œil dont les figurants apparaissent aussi déplacés que les meubles trop riches, il sert, au contraire, de lieu de ralliement élégant et secret aux survivants du monde d'hier. Ils viennent écouter là une musique déjà entendue par leurs aïeux car ils sont en quelque sorte aussi anciens, parfois même plus encore que les clavecins, les meubles, les coffres de maroquin et les tapisseries qui ornent la maison. Ici le passé n'est pas reconstitué, il palpite.

L'été, dans l'orangerie, on échange donc essentiellement des nouvelles historiques, on s'informe des ancêtres de ses amis et de l'état de leurs maisons. Ici les querelles entre la princesse des Ursins et la jeune reine d'Espagne sont encore d'une actualité brûlante car le présent, lui, n'est plus, et depuis longtemps, d'actualité. En vérité, le monde d'aujourd'hui n'intéresse, ici, à peu près personne. Tout est déjà advenu au moins une fois dans ces familles, il n'est donc pas nécessaire de se préoccuper du présent, il est sans surprise, seuls les tard venus peuvent croire sérieusement que la comédie du pouvoir et les soubresauts de la société sont des nouveautés. La principale caractéristique des parvenus n'est pas, comme on le croit, l'inculture ou le mauvais goût, mais la certitude que le monde a commencé avec eux, c'est-à-dire hier.

Pour l'heure, il fait de plus en plus chaud, les groupes se font et se défont sous le regard du grand-père de l'hôte des lieux peint dans son costume de chasse en compagnie de ses chiens courant, mais que sa haute taille a exilé dans l'orangerie dont les charpentes étaient seules capables de l'accueillir. Des plateaux apportent les fameuses aumônières dont le pays raffole, et c'est la curée, polie mais féroce.

Il faut aller à l'extérieur pour retrouver un peu de calme et de fraîcheur ; d'autres invités m'y ont déjà précédé avant de s'égailler dans les allées du parc quand je remarque la princesse de C*** tenant le haut du perron. Là, elle domine de toute sa stature le savant dessin des jardins quand soudain de l'amusement se lit dans son regard : une retardataire, suffisamment bien vue pour se permettre de manquer le concert, a fait son apparition au bout de l'allée de sable qui longe le château et mène à l'orangerie. Suivie à distance respectueuse par le chien ébouriffé, elle s'avance maintenant lentement, puis tout à coup, à mi-parcours, pliant largement le genou, inclinant le buste et écartant légèrement les bras du corps, plonge dans une immense révérence de cour ; elle se relève, fait de nouveau quelques pas, et alors qu'elle n'est plus qu'à quelques mètres de nous, recommence par deux fois exactement le même manège sous le regard surpris du chien qui dissimule néanmoins son étonnement derrière sa frange. Personne n'a rien vu en dehors de celle à laquelle la nouvelle venue réservait cet hommage, du moins le croit-elle. Entre-temps, la princesse s'est avancée à sa rencontre et, la relevant, l'œil malicieux, lui a susurré, suffisamment près de moi pour que je le saisisse : « Eh bien, ma chère, les trois révérences de cour, mais vous n'y pensez pas, nous sommes en France pas au palais de Laeken, que vont penser les gens ? »

Se relevant, l'ancienne commensale de la princesse eut dans un éclat de rire perlé cette réponse qui disait tout : « Mais ne vous inquiétez donc pas, Elisabeth, nous sommes ici dans la France d'autrefois, nous sommes entre nous ! »

Les fantaisies d'un pavillon

C'est à l'occasion d'un dîner au château de D*** que nous fûmes présentés à la duchesse d'A***. Un regard bleu, un port à mériter le tabouret sans titre, un esprit fuselé, une gentillesse d'autrefois. Le charme opéra instantanément. La rencontre tourna à l'amitié, l'amitié à l'affection. D'origine espagnole par son père, la duchesse s'effaçait, ce jour-là, systématiquement devant nous, insistant pour que nous la précédions dans l'enfilade des salons par un « *pasa pasa* » tout droit sorti de Tirso de Molina, et nous ouvrions ainsi devant elle les portes les unes après les autres. Cette façon aussi astucieuse qu'élégante de compenser la disparition dans les grandes maisons françaises de ces laquais en livrée dont c'était jadis l'office nous amusa longtemps, et le « *pasa pasa* » est resté.

Peu après cette première rencontre, il y a maintenant bien des années de cela, dans les derniers jours d'août alors que l'été normand le cède à un automne déjà plein de suffisance, la duchesse nous fit savoir qu'elle serait heureuse de nous recevoir à Tracy-Beuvron pour déjeuner avec quelques amis. Nos enfants étaient alors très jeunes et, sauf à les imposer, il paraissait impossible d'accepter l'invitation. Les enfants furent invités. Ils auraient pour salle à manger, si le temps s'y prêtait, le plus délicieux jardin de fleurs de toute la province.

La duchesse occupait un petit pavillon de fraîcheur comme le XVIIIe siècle aima en semer de pleines poignées au hasard des caprices d'un Richard Mique ou d'un Carmontelle ; ils permettaient à une aristocratie de cour fatiguée de sa propre grandeur de se donner l'illusion de la simplicité. Construite au milieu du XVIIIe siècle, cette charmante fabrique était simplement composée d'une orangerie et d'une laiterie où les hôtes du château pouvaient venir déguster directement le lait frais et les fromages qui les attendaient là pour des collations improvisées.

Après l'incendie du château de Tracy-Beuvron par les troupes allemandes en 1944, désastre que rien ne viendrait jamais réparer, le duc décida d'abandonner les ruines de sa maison à la seule mélancolie des eaux de l'Orne et transforma l'ancien brimborion de ses ancêtres en un précipité d'élégance seigneuriale.

Il fallait enjamber la place du village, triste morceau de reconstruction d'après-guerre dans le vague goût pittoresque, parcourir un labyrinthe d'anciennes charmilles pour arriver à destination. La duchesse, un grand chapeau de paille posé à portée de main, vous recevait dans le vestibule dont le dallage de calcaire à cabochons de marbre rouge provenait de l'ancien château. Le roi Charles X, peint par Gérard, observait les nouveaux venus de son regard de myope, étonné de voir ces bourgeois et leur couvée passer le seuil d'une maison ducale qui avait eu autrefois les honneurs du Louvre, mais, après tout, que pouvait-il encore attendre d'une famille qui s'était ouvertement opposée à la politique de son cher Polignac ? Mieux valait se rencogner contre son cadre à palmettes dorées en fredonnant l'air de Corinne dans le dernier acte du *Voyage à Reims* et ne plus penser à rien. Ce en quoi d'ailleurs le monarque avait toujours parfaitement excellé.

Une fois saluée la maîtresse de maison et après avoir jeté un regard plein de déférence à l'exilé d'Holyrood, il fallait accomplir un rite plus redoutable encore et passer devant l'immense chien de Fo, gardien jaloux des délices de cette maison. L'immense animal nous épiait sournoisement depuis la pénombre du vestibule : glacé de bleu, il tournait la tête vers les intrus dans le déhanchement caractéristique de sa race. La bête fabuleuse avait été certainement capturée en Chine par les troupes franco-anglaises lors de la mise à sac du palais d'Eté, et elle gardait encore dans ses narines dilatées l'odeur de l'incendie qui avait pendant plus de trois jours ravagé la résidence de l'empereur Qianlong, son ancien maître. La duchesse, comme pour nous faciliter le passage, flatta son encolure en lui parlant comme à un vieux chien de famille rendu méfiant par l'âge et un peu acariâtre ; les enfants restaient médusés par ce géant dont le moindre mouvement devait pouvoir emporter la maison tout entière. La caresse ducale remontant le long de l'échine couleur turquoise vint s'arrêter sur les oreilles du chien chinois et, d'un geste lent, les fit pivoter sur elles-mêmes pour leur faire prendre une nouvelle position. L'expression de l'animal changea instantanément, de menaçant il devint aimable, presque bonasse. Nous pouvions continuer notre chemin pour parvenir sans encombre jusqu'au grand salon. Mon fils, qui n'avait rien perdu de cette transformation magique, aurait bien renouvelé l'expérience et ne s'avançait qu'à contrecœur vers la ronde des cabriolets Louis XV, annonciatrice d'interminables et obscures conversations.

Si le grand vestibule servait de niche à un chien bleu de portée impériale, le salon, lui, abritait une sympathique ménagerie de toiles peintes ; les murs, pour mieux s'effacer devant les grandes croisées ouvertes sur le parc, étaient en effet entièrement décorés de feuillages et de branchages sur lesquels virevoltaient des oiseaux de paradis, des singes de comédie et des écureuils de bergerie. Le salon était posé comme un belvédère au milieu de l'immense parc.

Comme nous avions été conviés avec un peu d'avance sur les autres invités de façon à pouvoir superviser l'installation des enfants et que le soleil brillait comme il peut lui arriver de le faire en Normandie, la duchesse nous entraîna à sa suite dans le dédale de ses jardins, elle nous présenta à ses roses, puis à ses œillets, et ainsi, massifs après massifs. Sans y prendre vraiment garde, nous descendions lentement vers les rives de l'Orne. Deux ânes du Cotentin nous furent désignés comme de véritables amis « de cœur », et, à leurs hochements de tête, il ne pouvait y avoir aucun doute sur les liens de sympathie qui les unissaient à la maîtresse de maison. Laquelle ajouta même : « Pour moi c'est très simple, si je ne retrouve pas mes chiens et mes ânes au paradis, je refuse d'y entrer ! »

C'est au détour d'un simple chemin creux que les ruines altières mais terribles de l'ancien Versailles normand se plantèrent devant nous. De l'ancien château des ducs d'A***, il ne restait que des douves immenses et les murs énucléés du pavillon central. Ce fut dans un silence de conte de fées que nous pénétrâmes à l'intérieur de l'ancien vestibule. En face de nous se trouvait la niche qui avait abrité pendant plus de deux siècles la statue du roi Louis XIV par Coysevox.

Après l'incendie du château, alors que mille ans d'une saga normande étaient partis en fumée et qu'il revenait pour la première fois sur les lieux, le dernier duc avait cru un instant au miracle. Le Roi-Soleil se tenait devant lui, debout, majestueux et impassible au milieu du désastre. Fidèle à ce qu'il s'était promis au pire moment de la guerre de Succession d'Espagne, alors même que le royaume de France menaçait d'être percé de part en part, le vieux roi s'était donc fait porter au-devant de l'ennemi pour le défier de nouveau, et, cette fois encore, il en était sorti victorieux. Le marbre apparaissait légèrement rosi par les flammes mais la majesté de pierre, elle, restait intacte. Tout à coup, un courant d'air entra et tournoya dans le vestibule désormais à ciel ouvert, le Roi-Soleil fut comme parcouru d'un léger frisson, il trembla puis s'affaissa et disparut. Comme ses grands aumôniers n'avaient jamais cessé de l'en menacer tout au long de son règne, de poussière, Louis le Grand était redevenu poussière. Le châtiment de Dieu avait simplement tardé mais, humiliation suprême, il avait revêtu pour cela le pire des uniformes, celui d'une armée d'occupation. La duchesse était au bord des larmes en nous faisant ce récit pourtant maintes fois répété. Les enfants, eux, étaient stupéfaits à l'idée de ce grand roi soudain pulvérisé.

« Ne restons pas dans les courants d'air », telle fut la chute de ce récit des temps barbares. L'heure du déjeuner approchait, il fallait remonter vers les hauteurs protectrices et les grâces épargnées de l'ancien pavillon d'été. Quelques visiteurs égarés qui visiblement avaient oublié de s'acquitter de leurs billets d'entrée mais dont les ventres creux imploraient une délivrance rapide demandèrent leur chemin à la duchesse qui le leur indiqua avec une indulgence amusée.

La très ancienne et très fragile marquise de La P***, invitée permanente de la maison, sortie entre-temps de sa chambre, nous attendait. La duchesse qui lui était très attachée me glissa que son amie, d'origine anglaise, demeurait, à son âge, un mystère pour la science car elle vivait sans aorte depuis près de cent ans. Je me fis répéter cette anomalie curieuse. « Cecily vit sans aorte, et depuis un siècle », me confirma notre hôtesse qui ajouta : « Comme quoi nous embarrassons notre organisme de tout un tas de choses bien inutiles. » La conversation de la vieille dame se révéla d'ailleurs tout aussi mystérieuse que sa constitution, le grand âge et une diction à l'anglaise héritée de la cour du roi George donnaient à son propos la clarté d'une prophétie. Voyant mon embarras mais sous prétexte de compléter les présentations, la duchesse m'expliqua que sa très chère amie, grande admiratrice de Mallarmé, aimait à émailler son propos de citations de son poète favori. Ainsi prévenu, je me préparais à une plongée dans les eaux profondes de l'hermétisme.

Les autres invités arrivèrent quelques instants après que nous eûmes enfin rejoint les petits singes du grand salon. Il y avait là un académicien, historien célèbre venu en voisin, l'air un peu égaré mais qui n'était pas tout à fait indifférent à se voir appeler « maître » par un jeune condisciple. Le temps de son engagement au parti communiste puis au PSU était bien loin, avec l'âge et les honneurs la sagesse lui était revenue, et celui qui aimait dans les années 1960 à passer pour un simple professeur de lycée progressiste et encarté se souvenait désormais avec tendresse de ce grand-père dégradé par le gouvernement du Petit Père Combes pour avoir refusé de participer à la fermeture des congrégations catholiques. De l'étude des paysans de mon Languedoc natal il était passé, plus récemment et avec brio, à celle de Saint-Simon et du système de cour. Sa conversation, bien qu'un peu traînante, gardait encore la saveur d'une intelligence peu commune. Notre petit cercle avait été rejoint dans l'intervalle par un couple du voisinage aussi pieux qu'ennuyeux agité d'une révérence empressée envers la duchesse. Cette double dévotion mettait la grande dame à la torture car elle ne savait que faire pour tenter de détourner ces hommages embarrassants et ces récits de pèlerinage vers les ouvrages de notre habit vert en velours côtelé dont le rayonnement avait dépassé, et de très loin, nos frontières sans pour autant effleurer ses propres voisins. Ceux-là savaient que l'homme avait été communiste mais ne pouvaient rien dire d'une œuvre qu'ils ne connaissaient pas. Pour eux, l'historiographie française s'arrêtait à Bainville et le reste relevait de la propagande républicaine. L'arrivée groupée d'un bataillon de hobereaux normands sortis de leurs futaies nous tira fort heureusement d'embarras. La Varende volait au secours de Le Roy Ladurie, tout rentrait donc, enfin, dans l'ordre.

Une femme au fort accent sud-américain, titrée par son mariage, apportait au déjeuner une touche d'exotisme parfaitement assortie aux oiseaux de paradis nichés dans les branchages peints de ce salon aux airs de volière. Nous passâmes à table.

La salle à manger était, comme il se doit, d'une grande sobriété. Les murs peints à la façon de la pierre de taille n'étaient pas vraiment égayés par d'austères portraits de famille dans le goût français un peu raide des années 1630. Le mobilier d'acajou Restauration d'une grande pureté de ligne ajoutait une touche presque écossaise à l'ensemble. L'argenterie était celle de la campagne, à filet et aux couronnes héraldiques légèrement effacées, les assiettes de porcelaine posées à même de simples sets laissaient voir comme du miel répandu le somptueux plateau de la table vernis.

La conversation reprenait, conduite avec un art consommé par la maîtresse de maison qui mettait chacun en valeur tout en veillant à ne jamais laisser le monologue s'installer trop longtemps. Le récit, l'anecdote ou le souvenir devait être conduit par l'orateur de façon à soutenir l'intérêt et même l'attention, mais il fallait rester attentif au voile d'ennui susceptible de tomber, à tout moment, sur l'un ou l'autre des regards tournés vers lui. La duchesse exerçait sur ce point une vigilance de tous les instants que rien ne pouvait prendre en défaut, et c'est elle qui le plus souvent saisissait, avant même que le brillant causeur l'eût perçu de lui-même, le léger tremblement d'impatience qui pouvait se transmettre à une fourchette restée trop longtemps suspendue dans l'attente du dénouement. D'une simple pression sur la sonnette placée à ses pieds, elle accélérait alors le service, permettant ainsi de faire passer à un autre convive le plat de la conversation. Une fois ranimée, celle-ci repartait par ricochets à travers la table, heurtant au hasard un sujet plutôt qu'un autre. Il arriva que, venant à tinter contre le verre en cristal de la précieuse marquise de La P***, elle arrachât soudain celle-ci à ses vapeurs anglaises et lui permît de détacher lentement quelques mots où pointait soudain l'azur mallarméen. Un rayon de soleil normand posé sur ses rosiers ne pouvait pas illuminer alors davantage le visage de la duchesse désolée par les atteintes du grand âge sur sa vieille amie et heureuse de la voir ainsi revenir quelques instants parmi nous.

Complimentée sur le luxe rustique de sa maison, elle en attribuait tout le mérite au goût parfait et au courage de son mari disparu. La maison apparaissait évidemment aux antipodes d'un château voisin, ancienne possession de la famille tombée aux mains d'un décorateur célèbre et fastueux qui, se croyant un nouveau Beistegui, la dorait sur tranche et la meublait de façon excessive pour une maison des champs. A cette seule évocation, l'assemblée se déchaîna. Un invité qui avait été reçu là-bas mais refusait de l'avouer, préférant soutenir avoir payé son entrée afin de pouvoir visiter ce caravansérail Grand Siècle, se révélait le plus acharné et décrivait les antichambres transformées en salon de compagnie par une accumulation déplacée, brocardait les dauphins et les tritons des bassins plus dorés que ceux de Versailles et ajoutait, en parlant de l'ancienne maison féodale : « Voilà bien la seule Danaé que ce monsieur aura pu féconder de sa pluie d'or. » Tout le monde souriait, amusé par ce mot mythologique et heureux de se savoir du bon côté de la société quand la duchesse, elle, restait sombre, hantée par le souvenir d'une maison qu'elle avait habitée en reine de sa Province et que l'on maquillait aujourd'hui comme une fille. On l'entendit d'abord plaider malicieusement la cause de ces dauphins et de ces tritons tombés entre les mains du roi Midas, puis, le regard soudain voilé par la tristesse, ajouter dans un murmure : « Mon mari disait toujours qu'il faudrait créer une école pour apprendre aux gens qui achètent des châteaux trop grands pour leurs noms à les habiter. » Cette sentence tombée, il ne fut plus question du tapissier des Bédouins jusqu'à la fin du déjeuner.

Le mariage du jeune duc d'Anjou avec la pulpeuse María Margarita Vargas Santaella fut alors choisi comme centre de table. Outre qu'il permettait de reprendre l'éternelle querelle sur les droits dynastiques des Bourbons d'Espagne à la couronne de France, sujet intarissable susceptible de transformer en jurisconsulte vétilleux le plus borné des gentilshommes, il offrit à notre voisine originaire des Amériques une occasion inespérée de faire enfin résonner, au milieu de ces voix perchées de Normands bien nés, l'accent de Caracas. En homme du monde accompli, notre académicien qui connaissait le traité d'Utrecht comme son bréviaire se garda bien d'éclairer la compagnie sur l'abdication par les Bourbons d'Espagne de leurs droits à la couronne de France. Il savait qu'il n'était pas au

Collège de France et se serait fait un crime de priver plus longtemps sa voisine du succès qu'elle se préparait à savourer depuis de longues minutes. Tout le monde se tourna en effet vers la place occupée par la comtesse créole pour savoir qui était vraiment cette future duchesse d'Anjou dont le nom, à sortir du répertoire de Luis Mariano, ne disait évidemment rien à l'assistance.

Tenant son effet à bout d'allonge et heureuse de pouvoir en remontrer, enfin, à une assemblée dont l'exégèse mondaine ne traversait pas l'Atlantique, la dame marqua un long silence pendant lequel elle jouait avec le joli diamant dont le poids fatiguait son annulaire et répondit enfin à tant de sollicitations par : « Mais personne, elle n'est absolument personne », avant d'ajouter : « Les parents sont très peu connus chez nous, quant aux grands-parents, on ne sait pas vraiment si elle en avait. » La duchesse, dont la sympathie naturelle allait déjà à cette future princesse d'origine hispanique, n'avança rien qui aurait pu laisser entendre qu'elle cautionnait cette exécution à la cubaine au beau milieu de sa salle à manger.

Autour de nous, les fraises empesées qui enserraient le col des anciennes pouliches de race suspendues au mur semblèrent se raidir jusqu'à les étrangler. Un convive, à l'évidence légitimiste, et que cette sortie sur les origines obscures de celle qu'il aimerait pouvoir bientôt considérer comme la reine de France agaçait, vola à son secours avec le courage des chevaliers du poignard. Il affirma avec l'aplomb d'un héraut d'armes que, selon ses propres informations, la demoiselle descendait en ligne directe du conquistador Alonso de Ojeda. Quelques dames auxquelles le nom de cet obscur compagnon de Christophe Colomb était parfaitement inconnu laissèrent échapper de discrets sourires de soulagement quand la terrible Vellini, qui n'était pas d'humeur à lâcher sa proie royale, répondit en contrefaisant la confusion et en forçant un peu son accent : « D'Alonso de Ojeda je ne sais pas mais de la Bodé sans aucun doute.

– La Bodé ? reprit intrigué mais déjà rassuré son contradicteur carliste.

– Si, el Banco Occidental de Descuento, la BOD, la banque du papa, lui assena dans un sourire triomphant celle dont la propre fortune avait permis de fumer au guano les terres de son grand seigneur de mari.

– Je vous propose de ne pas quitter l'Amérique du Sud pour passer au salon prendre le café, car il nous vient de Colombie », proposa la duchesse pour mettre un terme à une conversation qui commençait à prendre un petit ton badin.

La fidélité de la duchesse et de sa famille aux Orléans ne pouvait pas être mise en doute, sa propre mère avait suivi les Guise jusque dans leur exil marocain à Larache, et elle-même témoignait une amitié respectueuse à la duchesse de Montpensier, mais, après tout, si le jeune prince de la branche espagnole était allé chercher cette jeune femme au fin fond du Venezuela pour en faire une Altesse Royale et redorer ses fleurs de lys, il n'était pas nécessaire d'en discuter éternellement le pedigree.

Le café fut donc servi au salon, les hommes restant debout jusqu'à ce que les femmes soient toutes assises dans les larges fauteuils à la reine, laqués de blanc et rechampis de bleu, qui leur avaient été avancés. L'immense lustre de Murano jouait avec la lumière du parc, éblouissant les petits écureuils et les poules faisanes dispersés sur les murs. On les voyait courir chercher refuge derrière les épaules de tweed anglais de quelques vieux messieurs qui s'obstinaient à refuser un siège par coquetterie autant que par galanterie. L'après-midi promettait d'être flamboyant et l'instant parfait, le temps, presque suspendu dans ce salon en forme de lanterne, offrait un de ces moments où tout n'est plus que distinction, calme et subtilité. Le tintement des cuillères en vermeil dans les tasses de porcelaine chiffrées accompagnait de sa petite musique le léger assoupissement de la compagnie. La torpeur avait atteint le parfait degré de félicité. Il faut une sensibilité extrême juchée sur plusieurs siècles d'histoire, de goût et de détachement pour parvenir à créer, par la seule magie des lieux, des gens et de l'esprit, ces instants fugaces où l'existence paraît d'une infinie douceur à vivre.

Cette plénitude allait être pour nous de très courte durée.

La lumière qui commençait à faner dorait au petit fer le dos marbré des feuilles du grand charme, la conversation avait dû être tisonnée à plusieurs reprises pour ne pas s'éteindre tout à fait, l'heure décente d'un départ approchait. Il était temps de récupérer les enfants. Si l'aînée, assise sur un petit tabouret, assurait son statut de jeune fille en s'assoupissant à nos pieds, les plus jeunes s'étaient éternisés au jardin, du moins en étions-nous persuadés. Chacun se levait, les hommes prenaient congé de leurs voisines de table puis présentaient leurs hommages à la duchesse d'une simple mais sûre inclinaison de tête en guise de baisemain, l'on se promettait mutuellement de se revoir avant la fin de la saison à moins que ce ne soit à Paris après la rentrée pour un petit dîner sans tralala où nous nous retrouverions invariablement à seize ou à dix-huit entourés d'une nuée « d'extra » en vestes galonnées, impeccables et complices.

Alors que la lente procession vers le vestibule commençait à se former, la duchesse et moi, qui nous étions placés sans y prendre tout à fait garde au débouché du salon, fûmes témoins, au même instant, de la même scène. Mon fils, qui devait avoir quatre ou cinq ans à l'époque, avait réussi à grimper sur les épaules du chien de l'empereur de Chine et à se saisir de l'une de ses oreilles de faïence bleue qu'il tenait désormais à la main comme un trophée extraordinaire et embarrassant. L'animal ainsi mutilé n'était pas moins effaré que nous, il se voyait de nouveau livré à la soldatesque anglo-française ; la queue basse et le regard furibond, il attendait sa délivrance.

L'air si doux jusque-là s'était soudainement pétrifié. Ma femme, restée quelques pas en arrière, prenait à son tour conscience de l'imminence d'un désastre artistique et mondain. Les parents vivent parfois des heures sombres.

La duchesse, s'adressant avec beaucoup de gentillesse à mon fils, qui deviendrait pour elle et à jamais le « jeune Attila », avançait jusqu'à lui sans le quitter du regard. Avec d'infinies précautions et une adresse exquise, elle s'empara de l'oreille vernissée, la reposa intacte dans l'orifice prévu à cet effet et rendit ainsi au chien chinois sa sérénité confucéenne. Elle ajouta, à l'intention du cavalier descendu de sa monture fantastique : « Tu vois, comme tous les vieux chiens, il est un peu sourd, alors il vaut mieux qu'il ait ses deux oreilles », et interdisant d'un simple geste que les parents transpercés par la honte se confondent en excuses, elle était déjà retournée à ses invités sur le départ comme si de rien n'était. L'épisode avait duré quelques secondes à peine, et mes jambes ne me soutenaient plus. Le regard réprobateur et hautain du roi Charles X, lui, nous raccompagnerait sans pitié jusqu'à la porte. Témoin de cette scène terrible, il pensait évidemment qu'ouvrir une maison ducale à de simples bourgeois mal élevés ne pouvait avoir que des conséquences néfastes, comme le droit de vote ou la liberté de la presse. Il ne regrettait pas les ordonnances de juillet 1830 et espérait ne pas nous revoir de sitôt.

Cette journée eut pourtant des prolongements inattendus. Quelques semaines plus tard, alors que cette aventure n'était plus qu'un souvenir d'été, ma femme fut convoquée par la jeune maîtresse d'école de notre fils car celui-ci présentait, d'après elle, des signes annonciateurs de troubles psychologiques. Alors qu'elle avait demandé à chacun de faire le récit d'un souvenir de vacances, il n'avait rien trouvé de mieux à raconter qu'une histoire extravagante dans laquelle une duchesse, qui était, d'après ses affirmations, sa grande amie, vivait dans un château carbonisé où Louis XIV avait fondu comme du sucre mais qui abritait tout de même dans une jolie niche un immense dragon bleu dont les oreilles tournaient toutes seules. La maîtresse avait eu beau dire et répéter que la consigne du jour n'était pas de raconter des histoires à dormir debout mais un véritable souvenir de vacances, il n'avait jamais voulu en démordre et s'obstinait dans ses mensonges.

Il fut extrêmement délicat d'expliquer à cette courageuse institutrice de l'école publique que tout cela était certes un peu résumé mais ne relevait pas exactement de l'affabulation.

Journée d'octobre

L'endroit est certainement l'un des moins réjouissants de la capitale même si certains projettent sur lui tous les fantasmes d'une société captivée depuis bientôt un demi-siècle par les feux, pourtant si vite éteints, de la rampe médiatique. Situé au huitième étage d'un immeuble du Front de Seine d'une rare laideur où des tranches de marbre viennent maladroitement s'intercaler entre vitre et béton, la salle de réunion offre une vue imprenable sur l'hôpital européen Georges-Pompidou, sorte de vanité contemporaine offerte au regard, le plus souvent aveugle en vérité, des gens de télévision.

Là, autour de la grande table ovale équipée de tout un appareillage électronique dont personne ne se sert jamais se prennent des décisions d'une grande importance : doit-on prolonger telle émission déjà condamnée par le public qui lui en préfère une autre plus bête encore ? Faut-il faire appel à l'une de ces anciennes gloires de la vieille télévision française ou bien au contraire donner sa troisième chance à une jeune présentatrice, prématurément vieillie par ses métiers précédents et que l'on dit proche du ministre ? La fiction française doit-elle innover au risque d'être condamnée à l'obsolescence par le rouleau compresseur américain ou bien ronronner pour le plus grand plaisir d'un public qui ne cesse de vieillir et ne demande rien d'autre à la télévision que d'en faire autant ?

Le lecteur l'aura compris de lui-même, la scène se déroule dans la salle de réunion d'un grand groupe audiovisuel français, et, ce jour-là, il me revenait de veiller au lancement d'une fiction documentaire consacrée au roi Louis XV. Les services de communication avaient suggéré d'organiser une projection en avant-première de ce programme « emblématique » dans le cadre un peu lointain, certes, mais très adapté de l'opéra royal du château de Versailles. L'idée avait été aussitôt adoptée, et un partenariat avec le château, alors présidé par un ancien ministre de la Culture, aussitôt conclu.

L'objet de la réunion était d'établir la liste des invités à cette soirée promotionnelle aussi inhabituelle que prestigieuse. Le ban et l'arrière-ban des différents services de la grande maison, anciennement ronde, étaient réunis, les listings habituels où l'on retrouvait éternellement les mêmes producteurs, les mêmes journalistes, les mêmes « institutionnels » et les mêmes pique-assiettes, lesquels sont également répartis dans les trois premières catégories, égrenaient des noms connus et souvent inconnus mais épargnés, pour des raisons mystérieuses, par les époussetages réguliers auxquels ils étaient pourtant soumis.

Tout cela était, pour tout dire, d'un ennui mortel, et mon regard ne parvenait pas à déceler dans le paysage urbain particulièrement sinistre qui était offert depuis plus d'une heure à sa contemplation distraite la ligne de fuite à laquelle j'aspirais. Lever la réunion sans que chacun ait trouvé à justifier sa présence par des critiques gratuites eût été inconvenant, or tout le monde ne s'était pas exprimé, la prolonger davantage était au-delà de mes forces, la laisser dériver pouvait soigner ma popularité interne mais risquait de m'en faire perdre la maîtrise sans aucun espoir de reprise en main. Certainement étreint par un ennui pareil au mien, à moins qu'il n'ait été en réalité soucieux de faire simplement son métier, ce qui n'est pas à exclure, un participant fit pertinemment remarquer que tout cela manquait terriblement d'originalité et ajouta qu'il ne voyait pas l'intérêt d'organiser une telle soirée dans un endroit exceptionnel pour y réunir le public habituel de nos projections privées.

Cette remarque frappée au coin du bon sens tétanisa l'assemblée, quelqu'un venait de proposer de faire preuve d'originalité, ce qui, en matière de télévision où tout est imitation ou au mieux réinvention, relève de l'extravagance.

Cette proposition rappela immédiatement mes pensées à leurs devoirs. Elles revinrent à tire-d'aile en ramenant même avec elles une idée que je ne pris pas la peine d'étudier suffisamment avant de la proposer à l'assemblée. Je m'entendis aussitôt suggérer à haute et intelligible voix : « Et si, au lieu des casse-pieds habituels, nous invitions les descendants de tous les personnages, ministres, courtisans et militaires, évoqués dans la fiction ? » Cette suggestion fut accueillie par un silence gêné. Je compris instantanément ma bévue mais je ne pouvais pas faire marche arrière sans me déjuger. Aussi, pour donner une base politiquement correcte à cette énormité, je m'empressai d'ajouter en forme de justification culturelle que, lors du tournage de la scène du bal dans *Le Guépard*, Visconti avait fait appel à des figurants choisis parmi les descendants des anciennes familles de la noblesse sicilienne.

La suite de mon propos fit renaître des sourires sur des visages restés jusque-là figés dans une désapprobation polie, et l'inquiétude laissait place peu à peu à la décontraction, surtout lorsque celui qui réclamait de l'originalité quelques minutes plus tôt concéda aimablement que l'on commençait peut-être à s'en approcher, même si l'idée était un peu audacieuse.

C'est à ce moment-là qu'un jeune homme que je ne connaissais pas – on m'expliqua ensuite qu'il était stagiaire – prit timidement la parole en demandant où on allait bien pouvoir trouver l'adresse de tous ces gens. Cette préoccupation très pragmatique fit immédiatement fuser une objection majeure de la part d'une jeune femme charmante : tous ces gens existaient-ils encore vu que la Révolution était passée par là ? La remarque qui faisait preuve, cela mérite d'être relevé, d'une solide culture générale déclencha un murmure d'approbation. L'idée était bien jolie mais elle était impossible à mettre en œuvre, faute de figurants.

J'étais piégé, il allait me falloir expliquer devant mes collaborateurs réunis que certes le cimetière de Picpus était plein comme un œuf mais qu'il existait encore en France des hommes et des femmes dont les arbres généalogiques remontaient jusqu'aux ministres de Louis XV et même à ses courtisans les plus proches. Jamais, au cours de ma carrière, je n'avais évoqué dans un contexte professionnel ce qu'il est convenu d'appeler une vie mondaine, et là, dans le seul but de terminer une réunion languissante par une petite provocation, je venais de me dévoiler et de trahir la permanence d'un monde que chacun croyait perdu. Je me tirai de ce mauvais pas en expliquant que tous ces gens n'étaient pas trop difficiles à joindre, qu'il existait des sortes de dictionnaires où l'on trouvait leurs noms et leurs adresses, que les services du château de Versailles disposaient même de longues listes dans lesquelles ils piochaient lorsqu'une tête couronnée avait la fantaisie de venir visiter le palais de nos anciens rois pour leur faire une escorte à peu près présentable. Cette dernière précision me gagna aussitôt les services du protocole soulagés d'apprendre qu'ils n'auraient pas à établir eux-mêmes de nouvelles listes d'invitations, celles-ci étant en réalité déjà disponibles. Fataliste, une responsable d'un des services ajouta même : « De toute façon, il y a tellement de places dans l'opéra royal du château que je ne sais même pas comment on aurait fait pour le remplir… »

Les difficultés allant en s'aplanissant, ma proposition gagnait de plus en plus d'adeptes autour de la table ; certains s'amusaient déjà à l'idée de refuser le sacro-saint carton d'invitation aux solliciteurs habituels sous prétexte qu'ils étaient réservés à des « aristos », ajoutant, espiègles : « T'imagines la gueule de la mère Pastro quand on va lui expliquer qu'elle n'est pas assez bien pour la soirée ! » Habitués aux caprices et aux vexations du petit monde de l'audiovisuel, les visages s'allumaient d'une joie féroce. Ce serait là leur nuit du 4 Août, mais inversée ! L'ancien monde triomphait du nouveau et la cour de Louis XV chassait les vieux courtisans de l'interminable règne mitterrandien.

Je dois avouer que cela me ravissait. Emportée par son élan, une voix autour de la table alla même jusqu'à suggérer, histoire de pousser la logique encore plus loin, d'inviter un descendant direct de Louis XV, mais il fut interrompu immédiatement dans son propos par une objection sans appel venue de la voix érudite déjà entendue : « Là, pour le coup, c'est pas possible, on a coupé la tête à son fils Louis XVI. »

Sans m'engager plus avant dans la généalogie des derniers Bourbons de la branche aînée ni réajuster les liens de filiation entre le Bien-Aimé et son infortuné petit-fils, je précisai : « Des descendants en ligne masculine directe, bien sûr, c'est aujourd'hui impossible, mais il y a encore des descendants de sa fille, Madame Infante. Or il se trouve que je connais un peu l'un d'eux. Il n'est pas à proprement parler un ami mais peut-être accepterait-il notre invitation. » Cet aveu fit l'effet d'une bombe et je vis friser le regard du principal responsable de la communication de la chaîne ; l'argument avancé devenait décisif et emportait désormais l'approbation générale. Il résuma d'un mot le sentiment devenu général : « Si en plus de tout on a un prince, alors là, c'est le jackpot. »

Le timide stagiaire, se tournant vers moi avec émotion, osa surmonter son effarement et me demander : « Un vrai prince ? Un prince comme Albert de Monaco ? » Peu soucieux d'entrer dans un savant distinguo entre une Altesse Sérénissime régnante et une Altesse Royale dont le trône lui avait été escamoté en 1860, je répondis par un laconique : « Oui, presque… » Il régna alors dans la salle lambrissée de loupes claires un silence respectueux.

Armé de mon carnet d'adresses, de l'index des *Mémoires du duc de Luynes* et du *Bottin mondain*, je n'eus pas trop de mal à boucler une liste d'une cinquantaine de noms parmi les plus beaux de France pour la transmettre au protocole. J'étais surtout satisfait de me tirer ainsi d'une proposition rapidement faite qui aurait pu tourner au fiasco et achever de me dessiner dans ces milieux progressistes par habitude autant que par intérêt une solide réputation de réactionnaire. En réalité, je venais de mettre le feu au château de Versailles.

Une semaine passa, la soirée « Louis XV » et ses invités inhabituels étaient déjà loin, le rythme infernal d'une grande entreprise de l'audiovisuel avait de nouveau submergé mon quotidien quand mon téléphone portable sonna ; une voix blanche que j'eus peine à reconnaître sur le coup m'apostrophait : « Comment avez-vous pu me faire ça ? » Je restai un moment interloqué mais le ton de la question, lui, se faisait plus dur. « Je vous le demande, comment avez-vous pu me faire une chose pareille ? Vous pensiez que je n'y verrais que du feu, peut-être ? »

Cette fois, j'avais reconnu la voix, j'avais au bout du fil le président de l'établissement public du château de Versailles visiblement hors de lui, mais j'étais à mille lieues de comprendre pour quelle raison. Je connaissais la susceptibilité chatouilleuse de l'ancien sigisbée de Bernadette Chirac et je cherchais à comprendre ce qui me valait cette avoinée. J'avais toujours entretenu avec lui, même lorsqu'il était au faîte de sa gloire ministérielle, des relations de la plus extrême courtoisie, et jamais il ne s'était adressé à moi sur ce ton jupitérien. « Pardon ?... lui répondis-je, car je n'avais rien trouvé de mieux que cette interjection pour essayer de gagner du temps et rassembler mes esprits.

– Il n'y a pas de pardon pour ce que vous avez fait ! me répondit-il avec une hauteur souveraine qui tournait franchement au ridicule, c'est une trahison, mais je vois très bien où vous voulez en venir, votre manœuvre est minable... »

La conversation prenait un ton insultant, pourtant je n'y comprenais toujours rien. « Mais pouvez-vous m'expliquer ce qui se passe ? Si j'ai pu vous offenser, j'en suis désolé mais...

– Et hypocrite en plus ! Vous pensiez que j'allais accepter votre liste d'invités sans la vérifier ? Je suis encore chez moi que je sache, et c'est moi qui décide qui vient ou ne vient pas à une soirée au château, même si nous avons un accord avec la chaîne... Or vous avez invité mon pire ennemi. Vous pensez que je vais me laisser humilier ? Vous vous trompez lourdement. »

C'est là qu'enfin je compris. Il s'agissait du prince, et à l'instant tout me revint, j'avais fait une bévue monumentale. Quelques années plus tôt, alors que l'ancien ministre de la Culture, devenu Roi-Soleil par intérim, organisait l'exposition à Versailles de Jeff Koons, artiste contemporain aussi connu pour son œuvre que pour les talents cinématographiques de son égérie, le prince avait pris la tête de la contestation et engagé un combat contre l'avant-garde que certains jugeaient évidemment d'arrière-garde. L'affaire qui aurait pu, dans l'esprit français, en rester à la querelle des bouffons alla jusqu'en justice et on exigea de nos graves bonnets carrés qu'ils se prononçassent sur la cohabitation d'un homard géant et de quelques vieux aspirateurs avec les fastes de l'ancienne monarchie. Le ministre gardait de cette farce générale un souvenir qui ne l'amusait pas.

« Je suis absolument désolé, je n'avais pas du tout fait le lien entre cette invitation et vos anciens démêlés avec… »

On ne me laissa pas terminer.

« Et en plus, monsieur – il avait soudainement perdu l'usage de mon prénom –, vous vous moquez ouvertement de moi. J'ai parfaitement compris votre petit manège. Vous savez quelle est ma situation et je sais, moi, que certains de vos amis pensent à ma succession. En m'humiliant, vous avez cherché à me fragiliser. C'est indigne. »

Le fil de la conversation me permettait peu à peu de retrouver celui de la paranoïa ministérielle. Là où j'avais cru amusant de mêler un peu d'authenticité généalogique à une brave fiction française, le locataire à bail précaire du château de Versailles imaginait un complot pervers visant à le déstabiliser publiquement pour libérer plus rapidement la place. Evidemment, je contestai de la façon la plus énergique cet échafaudage burlesque, mais rien n'y fit, le ministre était convaincu, il exigeait que nous renoncions à l'invitation du prince sous peine d'annuler purement et simplement la soirée. J'avais au bout du fil un baron de Charlus coléreux et intraitable.

Les cartons étant partis, il me paraissait exclu de commettre un tel impair ; je tentai de faire entendre raison au furieux, mais en vain, mon interlocuteur menaçait de tout annuler.

En raccrochant, je pensais au duc de Saint-Simon dont les *Mémoires* sont une longue et magnifique suite de récriminations contre la folle insolence de ministres tirés, selon lui, de la plus vile bourgeoisie, et j'imaginais ce que le mémorialiste aurait pu écrire d'un ministre qui osait aujourd'hui prétendre fermer les portes de Versailles à un héritier direct de Louis XIV.

Cette évocation non seulement m'égaya après cette algarade particulièrement humiliante mais me donna une idée. Le petit duc, là où il était, voulait bien m'aider à rabattre un peu le caquet de ce grand personnage.

Je laissai passer une nuit après l'orage et, le lendemain matin, je demandai à parler au directeur de cabinet de l'ancien ministre, garçon sympathique et efficace avec lequel j'avais toujours entretenu d'excellentes relations. Il savait évidemment quel était l'objet de mon appel ; j'allai donc au but, je passai sur les détails d'une conversation au goût amer et lui exposai mon projet. Dès lors qu'il ne pouvait pas être question, pour moi, de revenir sur une invitation lancée mais qu'il était évidemment impensable de mettre en péril la soirée elle-même, je proposai d'expliquer clairement la situation au prince et de l'inviter ensuite personnellement à dîner en renonçant, par conséquent, à ma présence au château ce soir-là. La solution semblait trouver un écho soulagé bien que navré à l'autre bout du fil, mais c'est là que je décochai sur cette cible, pourtant amie, la flèche du Parthe. En effet, au moment de raccrocher, j'ajoutai que, naturellement, connaissant l'humeur taquine du prince, je n'excluais pas qu'au lieu de se rendre à mon invitation dans un grand restaurant parisien il ne vienne en réalité se présenter le soir même au château accompagné de quelques journalistes.

A quoi j'ajoutai, avec une bonne dose de perfidie : « Tu imagines le titre du *Parisien* le lendemain matin : "Le descendant de Louis XIV mis à la porte de Versailles !" Je vous laisserai gérer les suites médiatiques de ces nouvelles journées d'octobre… »

Le trait avait visiblement fait mouche car il fut suivi d'un long silence. J'étais confus de mettre ainsi mon interlocuteur à la torture mais je savais avec quel souci d'exactitude il restituerait notre entretien à son ombrageux patron.

Les effets du stratagème ne se firent pas longtemps attendre. Quelques heures plus tard, je recevais un nouvel appel de l'ancien ministre ; le ton en était beaucoup moins éruptif, il n'était certes pas chaleureux mais courtois, l'échange fut bref : « Bon, cher ami (notre "amitié" avait refait surface), je conçois la difficulté, pour vous, d'annuler une invitation déjà lancée, la personne en question pourra venir mais je ne veux pas la croiser une seule fois de toute la soirée. A vous de vous débrouiller. » La partie était gagnée, et les conditions de reddition posées par le camp adverse me paraissaient tout à fait raisonnables, il suffisait d'être vigilant.

Le soir de la projection, le château émergeait dans toute sa majesté française des brumes élimées qui montent le soir, à Versailles, de la pièce d'eau des Suisses ; des photophores posés à même le pavé dessinaient un chemin depuis la grille royale jusqu'à l'entrée de l'aile Gabriel, et les invités, même les plus blasés, étaient d'abord charmés, par la magie du coup d'œil, avant d'être saisis par l'humidité des lieux. Les épaules nues d'actrices méconnues frissonnaient sous de grands châles de soie brodée.

Arrivé dès la première heure, je m'étais posté en avant-garde et saluais ainsi, un à un, tous les invités, même ceux dont le visage ne me disait absolument rien et pour lesquels il devait en être de même avec moi ; cela rendait les conversations d'une parfaite urbanité. De temps à autre, je voyais arriver quelques amis titrés, aussi amusés de se trouver là que moi de les y avoir invités. Il y avait le comte et la comtesse de B***, dont le nom avait été illustré par le fameux cardinal si joliment affublé du surnom de « pigeon pattu » par la marquise de Pompadour, le comte et la comtesse de M***, héritiers du grave chancelier dont les réformes énergiques, si elles n'avaient pas été réduites à néant par l'aveuglement politique de Maurepas, eussent certainement sauvé la monarchie. La duchesse d'H*** représentait, quant à elle, la famille de l'abbé T*** connu pour sa vigueur amoureuse autant que pour sa fermeté fiscale.

Prolonger, ici, l'énumération de ces noms attachés au règne du Bien-Aimé serait fastidieux pour le lecteur, mais tout en guettant le prince avec une certaine anxiété je m'amusais de voir ainsi ces familles retrouver le chemin de leurs anciens appartements héréditaires. Ce soir-là, elles vengeaient les parquets panneautés du piétinement diurne et offensant des cavalcades touristiques.

Quelques amis dans la confidence avaient accepté de m'aider à canaliser le prince réprouvé sans qu'il s'en aperçût pour le conduire vers une place discrète mais pas infamante, car j'avais bien entendu refusé d'envisager de faire rouvrir l'une de ces loges grillagées autrefois réservées à des incognitos plus équivoques.

Le président de l'établissement public parut. Il fut charmant et nous nous gardâmes d'en venir à la pomme de discorde, il avait décidé d'être ce qu'il savait si bien être, un hôte parfait. Je rassurai néanmoins discrètement son collaborateur sur les mesures mises en place pour éviter toute collision entre la légitimité historique et l'autorité administrative. Après tout, ces deux mondes n'avaient pas à se connaître.

Le temps passait, les robes du soir défilaient, le château se remplissait, je distinguais de très jolies actrices dont la nudité somptueuse et la chute de reins vertigineuse devaient permettre à cette production culturelle de gagner en audience. Louis XV n'était peut-être plus le Bien-Aimé, mais certaines scènes du film en faisaient sans conteste un roi Bien-Heureux. Ces jeunes femmes répondaient à mon sourire dans un coin de leur regard, et moi, qui les avais vues offertes et prises, je trouvais que ce n'était pas si mal. Je ne ressentais plus le froid, pourtant humide et pénétrant, de la ville royale. Enfin, l'on vint m'informer de l'imminence de la projection. Le prince ne s'était toujours pas présenté. J'attendis l'arrivée du dernier couple de retardataires, je démobilisai les menins retenus pour l'escorter, puis je regagnai ma place quelques minutes avant l'extinction des feux sur le rideau de scène aux grandes armes de France.

Louis XV enfant parut à l'écran mais son lointain descendant, lui, resta invisible. Il avait, semble-t-il, oublié la soirée…

L'ombre de Swann

Sa présence à l'hôtel Drouot signale les grandes ventes, les dispersions fabuleuses ou les trésors ensevelis sous des erreurs de catalogue. Les commissaires-priseurs encore dignes de ce nom saluent sa venue avec autant de déférence que de fierté, les grands collectionneurs et les marchands parisiens, eux, ne le voient pas arriver les jours d'exposition sans une crainte sourde et dissimulée. Ceux-là se moquent souvent avec condescendance des conservateurs prétentieux et impécunieux, mais l'ombre de son éternel manteau de pluie est toujours suivie, elle, de murmures respectueux. Pour qu'il soit là, c'est que quelque chose le mérite, quelque chose qui leur aurait échappé ou, pire encore, quelque secret dont ils étaient jusque-là convaincus d'être les seuls dépositaires. Il faut voir leur manège lorsque, ouvrant sa serviette au cuir poli par l'usage, il en sort un catalogue entièrement annoté de sa main et scruté de son monocle. Les conversations souvent tenues à trop haute voix dans ces maisons, où l'on aime à s'assommer d'une érudition tapageuse et de mondanités largement frelatées, baissent immédiatement de plusieurs tons pour essayer de saisir ce qu'il pourrait avoir à dire. Les regards font mine de s'abîmer dans l'examen d'objets sans intérêt mais tentent, en réalité, de déchiffrer sur ses lèvres les commentaires qu'il se fait à lui-même ou aux quelques heureux auxquels il s'adresse. Un cercle se crée autour de lui que seuls de jeunes clercs ignorants et maladroits violent inconsciemment en le bousculant un peu pour atteindre une vitrine ou en lui donnant des explications qu'il ne demande pas et qu'il fait mine de ne pas entendre pour ne pas avoir à les corriger. L'amabilité de son sourire dans ces moments-là est dévastatrice. Les initiés le croient toujours à l'affût d'un meuble ou d'un objet alors que très souvent il est simplement venu pour faire ses adieux à un salon autrefois fréquenté. D'un fauteuil, il connaît l'estampille mais il se souvient surtout de ces ombres du passé qui, partageant avec lui les délices de la conversation et les plaisirs du monde, s'y sont assises en bavardant, une tasse de café à la main, leur face-à-main dans l'autre. La provenance n'est pas à ses yeux un supplément de valeur marchande mais bien le souvenir précieux d'une amie, d'une époque et d'une maison recherchée. A peine a-t-il quitté la salle que vingt mains se précipitent pour tourner et retourner les quelques objets qu'il a seulement caressés du regard dans l'espoir de découvrir ce que cet œil absolu a vu et qu'elles étaient incapables de déceler, pauvres mains abusivement manucurées de marchands avides et trop pressés.

C'est toujours pour moi un moment de grande fierté lorsque ce connaisseur, dont le Tout-Paris du monde de l'art guette le regard, m'apercevant dans la foule anonyme et bigarrée des couloirs de Drouot, m'arrête et me présente autour de lui comme son petit-neveu, alors qu'il n'est en réalité qu'un oncle éloigné du côté de ma femme. Chaque présentation est d'ailleurs l'occasion pour lui de dévider l'écheveau de cette généalogie parisienne de grande bourgeoisie où *Au Bonheur des Dames* a croisé un jour les *Dialogues des Carmélites* pour lancer une famille. Lorsque ses interlocuteurs lui paraissent suffisamment perdus dans l'entrelacs de nos relations familiales, il conclut avec malice d'un « vous voyez, c'est une parenté très proche ».

Outre sa culture et sa parfaite urbanité, l'homme promène toujours avec lui cette élégance anglaise que les membres du Jockey Club avaient fini par reconnaître à Charles Haas en lui ouvrant les portes de leur cercle, non sans l'avoir tout de même blackboulé deux fois au préalable. Le port impeccable malgré l'insistance de l'âge, une silhouette de cavalier, car lui qui ne monte plus fut l'un des derniers à se rendre quotidiennement à cheval de sa maison de l'autre faubourg au Bois, des costumes taillés par les meilleures mains de Savile Row mais dans des tweeds et des flanelles suffisamment anciens pour que jamais ils n'aient donné l'impression de respirer le neuf, le monocle glissé dans la poche de son veston et rattaché à la boutonnière du gilet par un simple ruban noué, achève sa tenue immuable et parfaite. Un jour que par mégarde je le félicitais pour son élégance, il me fixa d'un œil inquiet et, essuyant son monocle avec minutie avant de le réajuster pour me répondre, lâcha d'un ton embarrassé : « Vraiment vous me trouvez élégant ? » Je confirmai évidemment mon compliment. « C'est bien embêtant, j'ai dû commettre une faute de goût ce matin. » Et d'ajouter : « La véritable élégance est comme une restauration réussie, elle ne se voit pas. » Je retins la leçon.

Comme Prosper Mérimée et Charles Haas, deux parfaits dandys dont l'un faisait la dictée à une impératrice et l'autre prêta son ombre à Swann, il avait été inspecteur général des Monuments historiques et avait consacré sa vie au patrimoine, sauvant de la folie destructrice des Trente Glorieuses des pans entiers de notre mémoire architecturale alors sacrifiés à une modernité triomphante dont les murs de béton ont aujourd'hui bien mal vieilli. Son grand regret restait de n'avoir pas pu épargner le palais

Rose de Boni de Castellane, tout autant victime à ses yeux de la spéculation que du mépris dans lequel ses collègues, plus âgés, tenaient l'architecture pastiche de la Belle Epoque. Il se souvenait, la voix émue, du retour d'inspection de celui qui était alors chargé de décider de la vie ou de la mort de cette folie parisienne de l'avenue Foch et dont le verdict était tombé, sans appel : « Il n'y a rien de bon là-dedans, tout est en mètres, rien n'est en toises ! » L'homme du monde répétait cette phrase stupide avec la conviction que ce savant aux origines sociales incertaines réglait en réalité ses comptes avec une haute aristocratie qui l'avait toujours ignoré. « Vous comprenez, ajoutait-il, jamais il ne serait venu à l'idée des filles de Boni de recevoir ce monsieur chez elles. »

Lui-même, à l'inverse, avait longtemps souffert d'être considéré comme un mondain aux yeux de ses collègues et de quelques membres de l'Institut dont la vie s'était lentement éteinte sous la verrière empoussiérée de la Bibliothèque nationale, et qui lui reprochaient tout à la fois sa fortune, un goût pour les bolides qu'il partageait avec Paul Morand, sa vie brillante et son refus de cantonner la beauté au seul monde des idées et de la science pure. Il n'était pas de ces savants capables de réciter par cœur l'inventaire après décès du prince des Dombes ou les états du Garde-Meuble à l'époque de Thierry de Ville-d'Avray, mais qui affectent, par nécessité ou simplement par une totale absence de goût, de vivre dans des logements mesquins et garnis d'à peu près rien sinon de longs rayonnages de livres, tristes et nus, censés les protéger des tentations d'un monde qui les ignore.

C'est pourtant chez lui, les soirs de réception, au milieu de ses collections fabuleuses, que le successeur de Prosper Mérimée donne sa pleine mesure. Là, à quelques pas du palais de l'Elysée, face à un jardin, certes un peu moins vaste que celui de l'ancien hôtel d'Evreux, mais dans des salons meublés avec davantage d'esprit et plus de diversité que ceux de la présidence de la République, il aime réunir avec sa femme quelques amis pour des déjeuners intimes qui n'excèdent jamais vingt-quatre couverts ou pour des raouts plus vastes dont l'ampleur nécessite alors l'ouverture en grand de tous les salons.

Il faut quitter la frénésie de la rue du Faubourg toute gorgée de luxe et empaquetée de marques, franchir une porte cochère comme on en voit sur l'avenue Henri-Martin, flatteuse mais sans grâce, traverser l'ancienne cour un peu gâchée par des bâtiments surnuméraires pour apercevoir l'ancien hôtel Régence, horriblement écrasé de surélévations sous la IIIe République et voilé d'une marquise de fer et de verre digne d'un casino de ville d'eau. Malgré ces outrages, l'ensemble conserve un air de majesté qui surprend dans le Paris d'aujourd'hui. Le locataire des lieux est bien conscient de ces imperfections navrantes, mais il a abandonné toute idée de rendre à cette façade, qui fut l'une des plus belles du Faubourg, son élégance du temps de Lassurance. La jouissance du jardin suffit à le dédommager des fautes de goût spéculatives trop anciennes pour être réparées.

Franchir la porte de ce salon permet de découvrir ce qui est très certainement l'un des derniers grands décors français de la capitale depuis la dispersion des collections du baron de Redé à l'hôtel Lambert et la vente par Hubert de Givenchy de la quasi-totalité de son mobilier de Boulle. Rien ici ne se contente d'être seulement beau. Les bas d'armoires de marqueterie d'écaille et les bronzes italiens choisis comme pour le cabinet du roi, les vases de porphyre et les obélisques de malachite, les paravents de Beauvais et les tapis d'Aubusson, les ailes de chimères et les becs de griffons, les fauteuils de bois doré et les cabinets de pierres dures, les grandes portières des Gobelins aux armes et les rocailles de Caffieri, les laques de Coromandel et les écrins de maroquin, les dossiers à enroulement et les pieds sabres, les rafraîchissoirs d'acajou et les groupes de Sèvres, les marbres rouges de Rance et les brèches d'Alep, les régulateurs d'ébène et les pendules ornées forment un ensemble auquel l'œil, même averti, doit s'habituer avant de commencer à distinguer les objets des meubles, les meubles des ornements et les ornements de leurs propres reflets dans les immenses trumeaux de glace.

Dans la salle à manger, des vues d'Italie couvrent les murs depuis les plinthes jusqu'aux corniches pour rappeler que le maître de maison veilla autrefois à l'entretien des pieux établissements français de Rome, et l'on apprend, au détour de la conversation, que l'on dîne nez à nez avec des bustes d'empereurs romains dont les yeux de marbre assistèrent sans trop s'émouvoir à l'interminable agonie d'un cardinal Mazarin, peu pressé, quant à lui, de les quitter du regard. Dans un autre salon, c'est un imposant cartel posé sur son socle d'ébène damasquiné d'entrelacs d'écaille, dont les victoires ailées auraient veillé, pour leur part, sur le sommeil du duc d'Antin, à moins que ce ne soit du comte de Toulouse. La profusion des provenances laisse parfois penser que les rares vestiges du Grand Siècle ayant échappé au changement de goût et à ses transformations intempestives, aux destructions révolutionnaires ou à l'incarcération muséale, sont venus trouver refuge ici, auprès de celui qui avait su les déceler, les identifier et les sauvegarder, car l'argent seul ne suffit pas à accumuler des trésors, il faut aussi le génie des choses.

Alors qu'à l'occasion d'un déjeuner de semaine je traversais l'immense salon pour venir le saluer, la silhouette du collectionneur se dessinant à contre-jour dans la haute porte-fenêtre ouverte en davilerte sur les jardins, je reconnus immédiatement, non pas mon oncle mais Charles Swann. Pas tout à fait le Swann de la *Recherche* pourtant, un Swann assez différent, un Swann trop occupé, lui aussi, à déposer sa carte chez les duchesses des deux faubourgs pour parvenir à achever son étude sur Vermeer de Delft mais qui, à l'inverse de son prédécesseur, ne se serait pas risqué à aventurer un pied, toujours bien chaussé, chez les Verdurin pour l'amour d'une fille entretenue, et ce, malgré l'attrait évident de leur beau salon tout meublé d'Aubusson aux fables de La Fontaine. Un Swann qui aurait échappé à la maladie et n'aurait pas gâché des années de sa vie pour une femme qui n'était pas son genre mais se serait, au contraire, marié avec ma tante. Femme de tête et d'esprit, ne vivant que pour lui, l'accompagnant dans sa traque au chef-d'œuvre à travers l'Europe tout entière à bord d'une improbable 2 CV hors d'âge, et capable d'affronter sans ciller les mondaines redoutables et les princes amusants comme des éteignoirs. Jamais très loin l'un de l'autre, réglant leurs pas, leurs pensées, leurs goûts comme leurs conversations l'un sur l'autre, ils étaient depuis plus d'un demi-siècle les chorégraphes exigeants de leur propre vie.

Un jour que je demandais discrètement au majordome de m'indiquer les lieux à l'anglaise – et alors que ses recommandations avaient été recouvertes par la rumeur provenant des salons –, je m'aventurai dans un étroit corridor servant de galerie à une multitude de tableaux, de dessins et d'estampes dont les moindres esquisses auraient pu faire l'orgueil d'un musée de province, jugés indignes néanmoins par le maître de maison d'être offerts à l'admiration de ses visiteurs. J'avançai presque à tâtons, seulement guidé par le reflet des boiseries d'acajou, jusqu'au moment où, ayant perdu le compte des portes rencontrées sur mon passage et pressé par les circonstances, je me décidai d'ouvrir l'une d'entre elles, un peu au hasard. Après avoir tourné le bel interrupteur de fer-blanc à bouton de Bakélite, je contemplai mon erreur. Je n'étais pas là où je croyais être enfin parvenu mais bien dans la garde-robe de mon hôte. Des complets, sans nombre, étaient rangés avec autant de soin qu'une série d'émaux et de camées dans un médaillier de Cressent, des cravates taillées dans des soies lourdes comme des chasubles pendaient à leurs côtés formant un nuancier infini et délicat, les chaussures impeccablement cirées dormaient dans leurs manchons de feutrine comme les chats de Mme Geoffrin assoupis sur leurs carreaux de plumes écoutant d'Alembert débiter des bouts rimés. Je restai un moment admiratif, aussi interdit peut-être que la foule des créanciers de Brummell pénétrant dans le saint des saints de sa maison de Mayfair après la ruine puis la fuite du dandy subitement démodé. J'admirais en silence ce que peut représenter une vie d'élégance quand j'aperçus, se prélassant à mes pieds, une paire de pantoufles façonnée dans un cuir souple du plus beau rouge et sur lesquelles avait été brodée, à la main et avec un fil de soie noire, la formule « toujours chic ».

Les éblouissements d'une Saint-Sylvestre

Les beaux quartiers ont cela de rassurant qu'ils restent éteints même les jours de fête. L'alignement impressionnant des portes cochères de la rue de Grenelle ne dérogeait pas à la règle et projetait l'ombre de ses vantaux parquetés sur un asphalte soigneusement lustré par l'éclat de la nuit. Nous passions devant chacune de ces portes orgueilleuses et mutiques en prenant garde de ne pas froisser la discrète moquette blanche dont le trottoir venait d'être tapissé avec beaucoup de soin. Même les fenêtres basses des anciens entresols demeuraient obscures. Seuls le reflet ouaté des réverbères et les phares de quelques rares voitures avançant lentement offraient une lumière artificielle dans cette obscurité de rue patricienne.

Tout à coup, tournant silencieusement sur ses énormes gonds forgés, le battant de l'une de ces portes colossales s'ouvrit à quelques mètres de nous. Le flot des rires et les éclats de lumière se déversèrent brusquement à nos pieds. Nous étions attendus pour la Saint-Sylvestre chez notre amie L***, la fête battait déjà son plein, et les jardins déserts du noble Faubourg lui faisaient écho.

L'hôtel avait conservé quelques jumeaux sur la rue. Il était, avec eux, l'enfant rescapé de l'une de ces promotions immobilières par lesquelles l'Ancien Régime avait pu achever ce quartier éminemment aristocratique où la noblesse de cour venait se désennuyer de Versailles avant de repartir s'ennuyer sur ses terres. Ses dimensions, relativement modestes au regard des grands hôtels voisins, lui donnaient un air de simplicité immédiatement relevé par une architecture savante dont la modénature puisait aux meilleurs ornemanistes de la fin du XVIIIe siècle. Les refends du rez-de-chaussée, les grands pilastres, les entablements, les corniches élancées, les hautes fenêtres à l'italiennes balustrées, tout cela, sans prétendre au fusain de Ledoux, respirait ce néoclassicisme du meilleur ton dont l'aristocratie française a raffolé pendant plus d'un siècle pour ses hôtels en ville alors même qu'elle succombait, à la campagne, aux pires excès du néogothique. Les Camondo ne s'y trompèrent pas car lorsque ces Levantins à la fortune immense mais aux origines exotiques, hâtivement barbouillés de gueules et d'azur par un roi d'Italie aussi neuf qu'ils étaient riches, cherchèrent à se frayer un chemin à travers Paris jusqu'au faubourg

Saint-Germain, ils utilisèrent presque instantanément ce même vocabulaire architectural pour bâtir leur bel hôtel de la plaine Monceau. Certes, personne ne mit jamais les pieds dans ce palais meublé comme la maison d'un fermier général du temps de Louis XVI, mais l'on salua tout de même la rapidité et la sûreté de goût avec lesquelles ces gens venus de nulle part avaient appris à habiter, à défaut de savoir vivre.

La propriétaire de l'hôtel dans lequel nous pénétrions à peine appartenait elle aussi à ces familles orientales élevées dans le culte de la France, protégées par les rescrits de la Sublime Porte, enrichies par le commerce des trésors de Golconde, éternelles passerelles caravanières entre l'Orient et l'Occident, priant encore en araméen, la langue du Christ, mais parlant le français des ambassades de Louis XV, parvenues à force de volonté et de raffinement à maintenir, aux marches de l'Empire ottoman, un petit mirage français. Mirage disparu avec le dernier sultan, la chute des monarchies de circonstances chargées de lui succéder, l'installation de régimes militaires et enfin la guerre permanente née de l'effondrement du vieil empire des harems. Cette guerre toujours recommencée s'exerçait à balles réelles sur les Sèvres montés et les lustres en baccarat. Il avait suffi de la brutalité de quelques soudards aussi mal endoctrinés que rapidement galonnés pour réduire en cendres les beaux palais d'Alep où le bruit des jets d'eau rivalisait, jusque-là à heure fixe, avec le carillon de jolies pendules parisiennes.

Réfugiée à Paris avec ses enfants alors que là-bas, au loin, son mari tentait de maintenir le crédit d'une maison de banque vieille comme les murs d'Ephèse, Mme L*** s'était confectionné, pour sa part, une place inexpugnable au cœur même du noble Faubourg dont les portes sont toujours restées entrouvertes à quelques rares étrangers aux noms souvent pleins d'exotisme et à la fantaisie désarmante pourvu qu'ils fussent fastueux et bien élevés.

Contrairement aux Camondo, non seulement Mme L*** est aujourd'hui reçue partout où il faut l'être mais, surtout, elle reçoit comme personne, ou presque, n'est plus en mesure de le faire à Paris. Son salon offre un havre de grâce apprécié aux membres les plus éminents du corps diplomatique. Dès qu'il arrive à Paris, un ambassadeur un peu au fait des usages du monde – cela existe encore – est aussitôt accueilli, entouré, fêté par ce qui reste du Faubourg et enfin reçu par Mme L***. Elle aime par-dessus tout à distribuer les places d'honneur de sa table à un ambassadeur, à une altesse – quoi qu'elles soient moins répandues, ici, que chez la baronne P*** – ou à un membre de l'Académie française. C'est là son bonheur et un bonheur dont les témoins doivent être aussi comblés qu'elle ne l'est elle-même, car

Mme L*** a su adapter la générosité orientale à l'étiquette parfois un peu guindée des derniers salons parisiens. Lorsqu'elle réunit une quarantaine d'amis autour d'un petit concert d'après-midi, Mme L*** ne pourrait pas admettre qu'ils puissent quitter sa maison avec l'idée d'aller ensuite dîner en ville. Elle y verrait comme une offense. La dernière note jouée, avant même que les applaudissements toujours nourris ne se soient tus, la fidèle femme de chambre ouvre, sur son ordre, la porte de la salle à manger pour découvrir la longue table d'acajou ployant de toutes ses allonges sous le poids d'un goûter de conte de fées à côté duquel la maison d'Hansel et Gretel ressemble à s'y méprendre à une tablée de vendredi saint.

Une nappe d'organdi brodée dans la fraîcheur secrète de quelque couvent maronite disparaît sous les plats d'argent eux-mêmes dissimulés par des gâteaux de toutes sortes, des flans nappés d'un caramel à la couleur de palissandre ou encore des entremets damassés par le sucre filé. Les jattes en porcelaine précieuse contiennent avec peine mousses au chocolat zébrées d'oranges confites, crèmes fouettées de pétales de rose, glaces bariolées givrées à la chartreuse et blanc-manger criblé de clous de girofle. Des îles flottantes arrimées par de petits sucres d'orge à leur rivage de cristal évoquent un prochain embarquement non pas pour Cythère, la maîtresse de maison ne le tolérerait pas, mais pour la villa de Lucullus à Misène, plus proche. De part et d'autre de la table, les fruits confits les plus rares sont déjà partis à l'assaut de présentoirs miraculeusement réchappés de l'incendie des Tuileries. Au centre, une pièce montée en damier de choux roses et blancs attend d'une lame en vermeil au manche en Meissen qu'elle veuille bien lui donner le coup de grâce. Partout, des dragées parfumées ont été répandues à profusion et tracent un labyrinthe entre les parterres de fleurs en sucre. Toute une population de petits sujets en Saxe est chargée d'entretenir avec un soin jaloux ce jardin comestible avant qu'il ne soit ravagé par les barbares immenses et jacassants venus du salon. Une jolie paysanne dont le grand chapeau de porcelaine couleur de paille est noué autour du cou par un minuscule fil d'argent, dissimulée derrière une belle charlotte nacrée, considère d'un œil scandalisé les doigts avides qui dégrafent les grappes de raisin caramélisé et avec effroi l'arrivée de grandes cuillères en argent aussi dévastatrices que des pelleteuses.

En quelques minutes, ce petit paradis sucré est livré au pillage, et des maîtres d'hôtel vêtus de la livrée bleue galonnée d'or viennent offrir aux assaillants le réconfort d'un chocolat chaud tourné, battu et versé dans de rares trembleuses en porcelaine de Saint-Cloud. Il suffit alors d'un instant pour détruire le bel ordonnancement des pains d'épice et des sabayons, violer les puits d'amours, cueillir les soupirs de nonnes, crever les moelleux au chocolat, déchirer les millefeuilles, démanteler la pièce montée, briser les pétales de sucre, renverser les crèmes, imbiber les génoises de vieux alcools, briser les glaces et engloutir en quelques bouchées la totalité de ce royaume des fées.

Pourtant ces goûters légendaires n'ont pas d'autre raison d'être que de faire patienter tous ces gens jusqu'à la prochaine Saint-Sylvestre car c'est au succès de cette seule nuit que la maîtresse de maison travaille tout au long de l'année. Une nuit au cours de laquelle se célèbrent invariablement les noces de l'Orient fabuleux avec les ultimes raffinements de la société française et qui cherchera, disons-le, à pouvoir rivaliser avec les Mille et Une autres.

C'est vers cette nuit que nous dirigions alors nos pas dans l'obscure clarté qui ce soir-là refusait de tomber des étoiles.

Dans le vestibule où mordait la volée d'escalier, de lourds manteaux de fourrure dévoilaient des épaules affaissées par le temps mais vite rehaussées par le seul éclat des pierres et des perles. Toutes n'étaient pas fausses mais certaines exagéraient un peu leurs montures. Les masques hérissés de plumes replacés précipitamment sur des visages rosis par l'air frais autant que par les fards offraient à ces femmes parées l'anonymat éphémère d'une immense volière. Le dos voûté par l'âge et la lourde redingote de soirée, leurs cavaliers se redressaient un peu à la vue de la maîtresse de maison, laquelle, postée à l'entrée de son salon, attendait, impatiente, l'effet de sa surprise. Derrière elle, trônait un grand éléphant blanc entièrement composé d'iris et d'orchidées dont la trompe dressée en gage de félicité taquinait la grave lanterne de bronze pendue à sa chaîne. La présence de l'animal fabuleux, hommage à peine voilé au bal oriental du baron de Redé, était alors saluée par un murmure d'admiration vite réduit au silence par l'apparition d'un corps de ballet exécutant des figures silencieuses et poudrées autour des derniers arrivants retenus dans le vestibule. Cette vision de charme rappelait aux invités les plus anciens d'heureux souvenirs de coulisses, à l'époque où le théâtre subventionné offrait encore un terrain de chasse convenable aux jeunes gens bien nés auxquels de vieux oncles célibataires avaient confié la clef de leur loge et le secret jalousement gardé des escaliers dérobés conduisant au foyer. Les femmes, de leur côté, restaient abîmées dans la contemplation de l'animal dressé, en souriant avec nostalgie devant cette démonstration de puissance et de fermeté.

Puis les ballerines, portant des panaches et des basques à lambrequins, comme on en voit sur les costumes de Louis-René Boquet pour le théâtre de la Pompadour, entraînaient chacun dans l'enfilade des salons rendus méconnaissables par les préparatifs de la fête. Tombant du plafond, emmaillotant les précieux lustres aux pendeloques en cristal de roche et les bras de lumière finement ciselés pour finir par voiler de blanc les grands trumeaux de glace, une immense résille tressée, elle aussi, de fleurs d'orchidée jetait son filet de pêcheur lotophage sur une assistance médusée. Un éclairage dont la source restait inconnue donnait aux boiseries Louis XVI habituellement si sévères de jolies couleurs tendres à la palette sans cesse renouvelée. Partout, d'étranges massifs de fleurs et de mystérieux animaux tous échappés du *Jardin des délices* étaient venus se substituer, comme par enchantement, au mobilier habituel et aux collections de prix. Les parquets dont les chaleureux tons de miel faisaient toute la beauté en plein jour paraissaient avoir été cirés ce soir-là à l'or et à l'argent. Perdu, désorienté, subjugué, chacun jetait un coup d'œil aux fenêtres pour essayer de reconnaître les volumes, d'apprivoiser un espace autrefois familier. On tombait alors dans le dernier piège tendu par la Circé folle dont le règne sur cette grotte lambrissée paraissait sans limites, car le jardin éclairé *a giorno* présentait un visage printanier parfaitement indifférent aux frimas d'un hiver pourtant bien de saison : les arbres avaient retrouvé toutes leurs feuilles et portaient de beaux fruits luisants d'un pâle soleil de pleine lune. L'herbe y était aussi verte que la cour que nous venions de traverser était blanche, et un rossignol chantait des airs d'automate.

Le charme qui frappait l'ensemble de la maison n'épargnait pas, bien sûr, les invités. Des robes couleur de rosée rivalisaient avec des traînes ourlées d'escarboucles, des lis d'argent couraient sur une robe fourreau de velours noir quand, à côté d'elle, un visage se maintenait avec peine au-dessus d'une forte tempête de satin princesse. Tout à coup, un bustier cuirassé de vieux jais intimidait la foule, obligeant les danseuses, cette fois costumées par un émule d'Erté, à faire un petit entrechat. De grands turbans de moire arboraient, en guise de troisième œil, une plume de paon dont la cime caressant l'immense résille d'orchidée infligeait aux pétales des fleurs tressées une troublante oscillation. Les hommes portaient, sans exception, la cravate noire, mais ils s'autorisaient ce soir un détail fantasque qui pouvait devenir obsédant à la longue pour un regard observateur. Prolongeant des jambes de cavaliers émérites, apparaissaient des chaussettes de soie rouge ou mauve ; effleurant le parquet, des chaussons de velours brodés de motifs burlesques ou d'initiales chiffrées d'argent remplaçaient les sempiternels vernis ; posé sur les larges revers de satin, un cattleya aux nuances irisées tentait, mais sans y parvenir, de se faire discret.

Parfois l'audace allait plus loin ; un couple s'avançait lentement vers moi, car dans ce monde d'illusion j'avais perdu ma femme. Lui portait une veste d'intérieur de velours moiré à passementeries orange auxquelles il avait assorti la couleur de sa perruque. Le haut de son visage entièrement dissimulé par de monstrueuses lunettes d'écaille, superbe vestige d'élégances pompidoliennes, restait méconnaissable, mais un impeccable pantalon de smoking faisait contraste avec le reste de sa tenue pour bien rappeler qu'il n'était pas tout à fait déguisé. Elle aussi portait une étrange paire de lunettes éclairées de l'intérieur comme de vraies enseignes lumineuses, qui dessinaient deux jolis cœurs et clignotaient à l'unisson d'une large broche dont les strass clamaient à intervalles réguliers « *Y love you* » en lettres californiennes. Les deux masques s'approchaient, souriants et affables, pour s'adresser à moi avec un ton de bonhomie et de gentillesse très éloigné du simple échange mondain. A l'évidence, ils me connaissaient très bien et je ne les reconnaissais pas. Leurs voix couvertes par le grincement de souliers vernis, par mille exclamations de surprise, autant de saluts échangés et de conversations croisées, ne m'offraient aucune planche de salut. Ce couple de pantomime s'en amusait beaucoup, multipliait les allusions familières et augmentait ma confusion mais, pour ne pas prolonger cet embarras au-delà des convenances, les deux poupées *seventies* enlevèrent d'un même geste leurs énormes lunettes et je reconnus immédiatement l'oncle et la tante de ma femme, personnalités choyées du monde parisien que j'avais connues recevant dans leur magnifique appartement de l'autre faubourg dans des tenues beaucoup plus dignes. Une musique venue du grand salon, resté jusque-là inaccessible tant la presse était générale, m'empêcha de leur exprimer ma surprise. Le couple avait aussitôt rechaussé ses extravagantes lunettes. Protégés par cet incognito et mus par le rythme, ils s'en allaient vers le salon d'un pas de cha-cha-cha furieusement syncopé à l'âge où d'autres s'endormaient déjà devant leur écran de télévision sans même attendre le tableau final du Casino de Paris. Je tentai de les suivre mais, vite distancé, je m'arrêtai au seuil de la pièce où un orchestre de mambo avait remplacé le grand clavecin français des jours de concert. Les instrumentistes portaient le petit boléro frangé de pompons comme on en voyait danser, la nuit et le jour, dans La Havane insouciante de Batista. A cet instant, le corps de ballet fit irruption dans la pièce en poussant des cris de fête ; il venait de troquer, cette fois-ci, les costumes à la Poiret pour des tenues plus exotiques : les coiffes de madras surmontées d'ananas de carton doré remplaçaient plumes et aigrettes. Chaque danseuse portait une noix de coco dans laquelle nous étions invités à tirer au sort une enveloppe cachetée. Elle contenait notre placement à table qui ce soir-là, fantaisie oblige, nous serait désigné par le hasard et non par l'étiquette.

L'heure du dîner fut sonnée par un air de salsa. Les tables dressées dans la salle à manger mais aussi dans l'antichambre, faute de place pour asseoir la centaine d'invités, croulaient sous la vaisselle d'apparat mais, par effet de contraste, les candélabres à pendeloques avaient été transformés en arbustes précieux chargés de petits fruits luminescents, donnant aux couverts en vermeil délicatement posés sur une nappe de mousse naturelle parsemée de petites perles couleur rubis l'impression de servir pour une charmante partie de campagne. Au plafond, l'étonnante résille de fleurs s'était elle aussi teintée de rouge, les roses carmin ayant ici succédé, sans que personne y prenne vraiment garde, aux orchidées blanches des salons de réception.

Chacun était en vérité trop préoccupé à trouver sa place, grâce au carton en forme d'énigme piochée au hasard, pour s'attarder à contempler la table servie. On s'amusait à se tromper, à faire mine de changer de place ou à s'étonner d'être, pour une fois, en bout de table, mais c'était compter sans la vigilance de la maîtresse de maison qui avait tenu à ce que, malgré les désordres du tirage au sort, l'alternance des sexes soit rigoureusement respectée.

Il y avait des chaises mâles houssées de rouge et des chaises femelles drapées de blanc, on congratulait ses voisines de circonstance au moment où elles déposaient leurs masques pour se présenter, et c'était en s'asseyant, alors que le regard s'habituait à la pénombre pourpre dans laquelle était plongée la pièce, que l'on découvrait des paquets impeccablement emballés de papiers de fête et enrubannés d'or ou d'argent qui paraissaient attendre, posés à côté de l'assiette de chaque convive, que chacun veuille bien s'asseoir à sa place.

Ce fut une exclamation universelle, et en quelques instants la belle disposition de la table et des présents fut livrée à la troupe élégante avec l'enthousiasme et les cris de vieux enfants. Tirés de ces flots de ruban de soie et de cartons colorés, l'une sortait un collier de lapis, l'autre une timbale en argent, un autre encore une carafe de cristal ou une tisanière en porcelaine bariolée. Les paquets dissimulés au centre de la table par le surtout paysagé et les remparts de hauts verres en cristal aux encolures gracieusement guillochées d'or bruni suscitaient de nouvelles convoitises, mais un reste d'éducation empêchait des mains pourtant déjà rassasiées de se tendre de nouveau pour s'en emparer. Là encore l'intervention rassurante de Mme L*** dont les roulements de « r » chaleureux et reconnaissables entre tous se faisaient entendre aux quatre coins de la table donnait la règle du jeu. Elle était simple, chaque paquet caché portait une petite marque qui correspondait au billet de placement d'un genre si particulier dont chacun était le possesseur, et il suffisait de trouver le paquet portant une marque identique. Le joyeux bouleversement de la table ne risquait pas ainsi de tourner à la guerre civile, et j'aidai mes compagnes d'excellente fortune à identifier le petit présent qui leur revenait. Il était plus munificent encore que les précédents et, profitant de l'extase à peine contenue de ma voisine alors que la surprise devenue presque charnelle faisait frissonner toutes les tables, je cherchais du regard ma femme perdue dans l'embarras des salons au moment de la ruée. Je l'aperçus, non loin de moi, à travers le halo mordoré des flambeaux d'argent aux pieds de mousse ; elle avait trouvé place entre deux cercleux de la plus belle eau, dont l'un portait le fez rouge offert à son ancêtre par l'impératrice Eugénie à son retour de l'inauguration du canal de Suez, et l'autre un magnifique monocle dont rien ne permettait d'assurer qu'il était, pour lui, un élément de déguisement. Elle considérait avec curiosité un petit éléphant, à usage de pilulier, plus chatoyant encore de pierreries feintes que la tortue écaillée d'opale de l'extravagant des Esseintes et dont le sort venait, selon toute vraisemblance, de la gratifier.

Le dîner, malgré son opulence, resta digne de la meilleure table de Paris. Il fut servi puis desservi en un tour de main. L'arrivée d'une jeunesse turbulente lança le bal ouvert au rythme de la salsa, et des ducs débarrassés de leur manteau héraldique se déhanchèrent avec autant d'agilité que les jeunes *hipsters* de bonnes familles rameutés des fêtes voisines. Seules les coupes de champagne échappaient à l'ivresse générale en volant de main en main jusqu'à des destinataires inconnus, le vin se trouvait ainsi délicieusement épicé par les pollens tombant de l'immense plafonnier de fleurs, dont les pistils légèrement balancés s'ébrouaient sous l'effet du tressautement des parquets. La maîtresse de maison rivalisait de folies orientales avec Héliogabale mais, contrairement à l'enfant fou, elle ne cherchait à étouffer ses convives que sous le poids de son amitié. Elle veillait à tout, donnait ses ordres, cherchait d'un œil inquiet les invités qui montreraient le moindre signe de faiblesse ou de lassitude, faisait lever les tables et disparaître l'argenterie précieuse sans que l'on y prît garde, puis, par souci de ne pas voir son activité et sa surveillance peser sur la fête, venait au milieu de la piste amorcer quelques pas de danse comme pour sacrifier à un rite sacré et très ancien. De là, elle repartait faire sa ronde, demandant à chacun s'il s'amusait, s'il ne manquait de rien, s'il reviendrait. A minuit, les douze coups firent sonner toutes les pendules de la maison et chacun s'embrassa dans des effusions rarement admises en d'autres circonstances. Des douairières que l'on voit le dimanche, dignes et renfrognées, remonter la nef byzantine de Saint-François-Xavier sautillaient sur elles-mêmes comme à une première sortie de pensionnat. De vieux bridgeurs irascibles et pointilleux à l'excès retrouvaient le rire des adolescents qu'un jour ils avaient dû être. Les jeunes filles, amies d'amies des enfants de la maison, arrivées là par raccroc, un peu intimidées les premiers temps par les fastes de la soirée, retrouvaient sans trop de peine les inconvenances de rallyes. Tout à coup, la farandole se forma, les mains s'agrippaient au hasard, la marquise de R*** entraînée par un joueur de banjo à la poitrine luisante conduisait la danse et s'oubliait comme sous la Régence. Les masques tombaient dans des rires, les coiffures savantes s'alourdissaient en mèches collantes, le fard s'effondrait sur des peaux épuisées par la fête, le grondement des pas couvrait l'orchestre, l'éléphant magnifique perdait une à une ses guirlandes de fleurs qu'un immense Maure de Venise moins sourcilleux qu'Othello passait en riant au cou des danseurs mondains.

La chaleur devenue presque insoutenable permit d'ouvrir les fenêtres donnant sur le jardin, on se précipita sur la terrasse où régnait, ultime raffinement, une douceur presque estivale. Aussitôt, de larges plateaux d'argent couverts de verres de Bohême apportèrent les rafraîchissements parmi lesquels on pouvait trouver le fameux jus de grenade, dont le dernier calife d'Espagne se désaltérait tout en pleurant son royaume perdu.

Les plus intrépides et les plus jeunes repartaient aussitôt danser alors que des conversations plus basses et déjà calmées se nouaient à l'ombre de la nuit. L'esprit de la fête, lui, se retirait doucement. Des hommes somnolaient, le menton affaissé dans leur nœud de soie noire presque défait, quelques femmes avaient enlevé leurs souliers de soirée et massaient discrètement des oignons douloureux dissimulés tant bien que mal sous leurs étoles de lamé. Une chanteuse de fado chaloupait doucement les derniers naufragés de la piste de danse. L'ombre grisonnante de l'aube s'incrustait sur les joues creusées par la fatigue de danseurs toujours impeccablement cambrés mais trahis par l'âge avec la férocité d'une jeune maîtresse. La joie s'était épuisée, et certains décolletés révélaient des splendeurs passées, régulièrement entretenues certes, mais dont les restes ne pouvaient plus que décevoir l'amateur de belles choses. La fille d'Hélios et d'Hécate menaçait désormais de rendre à chacun de ses prisonniers leur humanité et la tristesse des nuits finissantes. Il fallait partir.

Les couples se reformaient et venaient, deux à deux, prendre leur tour d'adieu pour remercier la maîtresse de maison qui ne les abandonnait qu'à regret.

Resté seul et dépouillé de ses ornements, l'éléphant au million d'orchidées regardait de son œil rond les pelisses de loutre et de vison retrouver leurs maîtresses, puis les voyait repartir en claudiquant, les bras lourdement chargés de leur butin de fête. Un maître d'hôtel impassible leur ouvrait cérémonieusement la porte et les aidait à ne pas descendre l'escalier du perron d'angle plus vite qu'elles ne l'auraient souhaité : « Oui, ne commençons pas l'année par des drames », répondaient invariablement les femmes en guise de remerciements, peu sûres de pouvoir compter, à cette heure-là, sur le bras de maris vigoureux qui ne l'étaient plus forcément. Dans la cour où le bruit de la fête parvenait à peine, on pouvait discerner le cliquetis étouffé de la vaisselle que l'on range et qu'accompagne le chœur sourd des murmures domestiques.

Après avoir, nous aussi, pris congé et retrouvé la nuit et l'hiver auxquels nous avions été magiquement soustraits, il fallut descendre, à notre tour et prudemment, les marches usées par la ronde séculaire des redoutes et des bals costumés. L'année qui nous attendait au-delà de la porte cochère m'inquiétait déjà, elle ne pourrait jamais nous rendre la folle légèreté de ce bal de début de siècle, il faudrait affronter les incertitudes du temps et l'étroitesse des existences. La fatigue de la fête semblait vouloir maintenant peser sur l'ensemble de nos vies.

En sortant de la cour de l'hôtel, cherchant à échapper à la maladresse pâteuse d'un conducteur décoré, je butai malencontreusement contre *les pavés mal équarris* derrière lesquels se trouvait l'ancienne remise à voiture, mais au moment où je reprenais tant bien que mal mon équilibre, je n'eus pas besoin de poser le pied sur un pavé un peu moins élevé que celui que je venais de heurter pour que mon découragement s'évanouisse et que je rencontre, enfin, le Temps retrouvé. Il venait à l'instant de me rendre au présent.

Un thé dans les soupentes

L'allée semblait vouloir glisser interminablement vers le fond de cette cuvette profonde, humide et verdâtre où le château attendait patiemment depuis des siècles comme un crabe camouflé de concrétions marines et d'algues effilochées dormant au creux de son trou. L'énorme bâtisse donnait l'impression d'être restée trop longtemps dans l'eau et d'en avoir été repêchée depuis peu. De longues traînées d'humidité, aux reflets de cuivre abandonnés, couraient sur les façades, une mousse épaisse nourrie de trop de pluie garnissait les murs de soutènement posés là par des seigneurs pillards et impérieux. La hauteur des toitures, vertigineuse et toute hérissée de cheminées, tentait d'échapper à l'engloutissement général, mais elle ne suffisait pas à signaler la présence de la maison toujours noyée par les bois de hêtres pourpres dont elle était entourée jusqu'à l'étouffement. A chaque instant le pavillon central, plus haut encore que les autres corps de logis, cherchait, dans un effort épuisant et vain, à s'élancer vers le ciel pour y trouver l'air et la lumière. Les lichens, eux, étaient venus à bout, et depuis bien longtemps, de toutes les façades, autrefois bâties de pierre blanche, la gangrène gagnait maintenant les ardoises des toits à la Mansart que le moindre coup de vent suffisait à faire frissonner. Les corbeaux avaient fait taire toute vie dans les cimes des arbres nus en la tuant dans l'œuf. Seul, désormais, le croassement de ces vautours familiers résonnait au-dessus de nos têtes. Les brumes d'une soirée précoce débordant les vieilles douves commençaient à napper le fond de cette bassine naturelle, et le château inquiet luttait contre la nuit. Les immenses travées Louis XIII restaient pourtant désespérément obscures, et seule une des lucarnes monumentales qui crénelaient le château trouait, en cet instant, d'un peu de lumière la toiture grise. Tout, ici, n'était plus que hauteur, pauvreté et abandon.

Une fois passé le grand portail et après avoir traversé les douves, il fallut bien arrêter la voiture et entrer dans la maison. Nous avancions un peu au hasard vers le grand perron principal dont la porte était pourtant hermétiquement fermée quand l'apparition d'un éclairage du côté d'un des pavillons d'angle vint nous tirer d'embarras. C'était notre amie, la baronne de V***, à l'invitation de laquelle nous répondions pour la première fois et qui, alertée par le bruit du moteur de voiture, puis par le silence intrigant de la porte vitrée donnant accès à ses appartements, signe que les visiteurs n'étaient encore jamais venus, était descendue précipitamment à notre rencontre et nous guider dans ce dédale familial. Le visage de Marie-Cécile de V*** arborait en toute occasion un sourire de bonté placide surmonté d'un regard limpide et franc d'où n'était jamais parti le moindre éclair de colère ou de haine. Elle était restée fidèle toute sa vie au chignon haut des bals pour jeunes filles rangées dont ce fameux regard avait été l'un des ornements et portait ces kilts de bonne laine effrangée qui ne se voient plus aujourd'hui que sur les photos d'une chasse à Balmoral. Le pire des deuils n'est jamais parvenu à entamer cette dignité aimable dont elle était toujours précédée. Elle s'excusa, aussitôt après nous avoir embrassés, de nous faire ainsi passer par les arrières, mais le grand perron était condamné. Nous apprendrions bien plus tard par les commérages du pays qu'il rougeoyait encore, au soleil couchant, de malheurs anciens.

A peine étions-nous entrés que cette odeur si particulière aux vieilles et grandes maisons s'imposait jusqu'à l'étreinte. Odeur mêlée d'humidité, de poussière duveteuse, de renfermé, de souvenirs d'encaustique et de cette moisissure noble qui vient au linge trop longtemps enfermé dans des placards condamnés par le temps et la disparition progressive de toute domesticité. Une odeur qui donne aux maisons la paix inquiétante des sarcophages. Ici d'anciennes races royales étaient venues pour expirer et s'éteindre. Après avoir suivi la fille des derniers marquis de M*** dans un lacis de corridors de service à peine éclairés par de simples ampoules à nu disposées de long en long, nous arrivâmes enfin à un escalier, de service lui aussi, mais qui au premier coup d'œil paraissait bien plus récent que la maison elle-même. Quelques carreaux absents laissaient passer parfois un courant d'air froid qui s'amusait à nous suivre un moment avant de retourner se perdre dans les galeries désertes et sonores pour y souffler tout à son aise. La rampe de fonte posée sans limon, la main courante en bois vernis, le papier peint gaufré couleur café, tout dans cet escalier respirait davantage la république des Ducs que la journée des Dupes. Le château, comme tant d'autres, avait dû être restauré sous le ministère de Guizot ou la présidence de Mac Mahon. Une dot replète autorisa alors à redessiner la circulation de la maison sur le modèle des grands hôtels de la Côte, puis à installer le gaz et des calorifères depuis longtemps hors d'usage. Tout cela était démesuré et décevant. Arrivé à ce qui devait être le premier étage, celui des salons de réception, il fallut longer une galerie imposante dont toutes les portes soigneusement fermées conservaient la trace d'anciens scellés, restes navrants d'inventaires prodigieux et de partages déchirants. Sans nous arrêter ni poser le regard sur les séries de gravures aux marges piquées de rouille reproduisant à l'infini les grands programmes iconographiques de la monarchie de Juillet, il fallut reprendre notre ascension par un autre escalier, en tout point semblable au précédent. Enfin, le dernier palier fut atteint, notre guide s'engouffra, et nous à sa suite, dans un couloir bas et encombré. Des bibliothèques à hauteur d'appui contenaient des séries de livres brochés dont les dos se défaisaient mais qu'aucun coupe-papier n'était jamais venu déflorer. Les planches de chêne s'arrondissaient sous le poids d'œuvres oubliées. Il y avait là tous les numéros de *L'Action française* et plus curieusement de *La Vie populaire*, reliés, eux, dans un beau cuir grenat. De temps à autre, un énorme coffre normand avec pilastres et panneaux sculptés de scènes mythologiques un peu rustiques venait rompre la monotonie triste de ces alignements presque conventuels.

Nous n'échangions que peu de mots tant nos pas étaient mal assurés et notre cheminement concentré. Puis, une porte s'ouvrit enfin, et après une première antichambre que les derniers reflets du jour éclairaient à peine se présenta la pièce qui faisait office de salon. Le plafond était bas et mansardé au point que le riche mobilier Empire, épave de l'ancienne dotation d'un majorat princier, paraissait presque à l'étroit. La pièce avait pourtant conservé des dimensions généreuses mais les pilastres d'acajou, les sphinges dorées, les colonnes de poirier noirci, les pieds de bronze, les cols de cygne, les victoires ailées, les marbres luisant comme des pierres tombales offraient au regard un amoncellement de mobilier funéraire et un désordre de nécropole royale après le départ précipité de pillards. Sur les murs, un emplacement fané parfaitement souligné d'un trait de poussière signalait au visiteur les traces encore bien visibles de cette mise à sac. De part et d'autre, un semi de miniatures sur ivoire encadrées de noir portait le deuil d'anciens disparus.

Sur le guéridon de marbre posé à même un piètement large comme un fût de canon, une tasse de thé fumante et quelques gâteaux attendaient les visiteurs. Certains étaient déjà là, répartis aux quatre coins de la pièce, figés au moment de notre arrivée, ils attendaient que la maîtresse de maison reprenne sa place dans la large bergère de Jacob tapissée d'un velours fané par les rayons de lune pour se remettre en mouvement. Aussitôt après avoir reçu notre salut, ils se rassemblèrent autour d'elle et formèrent un tableau dans le goût de Tissot. Accoudé au dossier carré de la bergère, un homme à veste de laine autrichienne portant un pantalon rouille et des moustaches à la

Morny se penchait vers elle avec d'infinies précautions. Une femme plus âgée était assise dans la bergère en pendant et tenait dans les mains une tasse vide dans laquelle une autre femme, peut-être sa fille ou sa bru, versait le breuvage brûlant à l'intention de celle qui venait de traverser des corridors hostiles pour nous conduire jusqu'à eux. Enfin, une quatrième figure, à la tenue austère, siégeait sur un tabouret dont le pied en forme de X était dessiné par deux sabres courbés de Mamelouks, elle lissait d'un geste machinal et répété les plis de sa jupe sage sur ses genoux. Un autre homme se détachait du groupe à intervalles réguliers, pour faire le chemin vers le guéridon servant de desserte dont il rapportait tasses de porcelaine et assiettes chargées de biscuits secs avec la lenteur et la dignité d'un grand prêtre accomplissant les rites réservés à la chambre du dieu.

Ces quelques couples formaient la fine fleur de l'aristocratie locale, leurs noms étaient autant de châteaux, leurs alliances quadrillaient la province depuis des siècles, aucune mésalliance, sauf fortune fabuleuse et orpheline, n'était venue troubler la pureté de leur sang, ils n'ouvraient leur maison à personne qui ne fût de leur monde en dehors de visiteurs payants, par nature invisibles à leurs yeux, et campaient derrière leurs murs pour se préserver des changements d'une France dont le destin malheureux avait été scellé par l'assassinat du duc de Guise. Henri IV, relaps, avait taché la France de son protestantisme, Louis XIV livré l'Etat à la plus vile bourgeoisie, Louis XV tout occupé à labourer le parc aux Cerfs s'était montré incapable de tenir en lisière des parlements enfiévrés de nouveautés et d'idées folles. Seuls Louis XIII pour son vœu, Louis XVI pour son martyre, Charles X pour sa formidable bêtise politique trouvaient grâce auprès de cette noblesse immémoriale dont les fils tombaient pour la France et pour la Croix depuis l'an mille. Au-delà de 1830, il ne s'agissait plus vraiment de l'histoire de France mais des errements d'un pays à jamais coupable d'avoir tué son roi et renié son dieu. La gueuserie régnait depuis bientôt deux siècles, triomphait République après République, elle finirait bien par avoir définitivement raison de cette France qu'ils avaient pourtant construite, ornée et défendue.

Des bourgeois dont les pères avaient donné des assiettes aux leurs, selon le mot terrible de Barbey d'Aurevilly, se mêlaient aujourd'hui de gouverner le pays et de le précipiter vers l'abîme. Le pire à leurs yeux étant peut-être que toute cette engeance puisse se permettre de parler pour la fille aînée de l'Eglise qu'ils avaient violée.

En réalité, ces familles avaient tout eu, le pouvoir, l'argent et la gloire, elles n'attendaient plus rien sinon de perpétuer encore le souvenir de leur propre nom, dernière preuve de noblesse de la France, et n'espéraient plus que dans le Jugement dernier. Ces gens savaient bien pourtant que la résurrection des corps les contraindrait à se mêler à une foule de morts obscurs dont il serait bien difficile d'admettre la promiscuité et auxquels – le Christ avait été là-dessus d'une fermeté assez embêtante – ils devraient céder le pas pour que les premiers soient bien les derniers, mais ce serait là leur ultime sacrifice.

En attendant, ils se pressaient autour de la baronne de V*** et entretenaient avec elle une conversation silencieuse dont rien ne nous parvenait, sinon parfois un sourire aimable et discret. Les marquis de M***, dont notre hôtesse était issue, avaient été l'orgueil de la province ; un prestigieux ministre d'Ancien Régime, plusieurs évêques et de grands soldats pendaient depuis des siècles à leur arbre généalogique. Le château autrefois si bien meublé avait été, jusqu'à la Seconde Guerre mondiale et même un peu audelà, le centre de toute une vie mondaine. On y recevait avec autant de grandeur qu'à Bal-la-Reyne ou à Champs de Lice avant que ces deux maisons ne tombent dans des mains trop riches pour être serrées sans réticence. Des fêtes étourdissantes y avaient été données dont on parlait encore un demi-siècle plus tard dans les bonnes maisons trente lieues à la ronde. Les départs des chasses de grande vénerie restaient légendaires, un gigantesque miroir légèrement penché et scellé à la sortie des écuries, mais aujourd'hui brisé, permettait à chaque bouton de vérifier la rigueur de sa livrée avant de se présenter pour le départ.

Puis un jour la maison avait sombré dans la ruine, la ruine désespérée, la ruine sans recours, ces ruines qui frappent une famille comme la foudre terrasse un arbre séculaire et obligent à choisir entre l'exil, l'accident de chasse ou l'accouplement ignoble. Le château avait été en partie vidé de ses trésors, et depuis longtemps les meubles disparaissaient sans raison apparente. Un mariage prometteur s'était révélé faisandé, on coupait les bois trop tôt et l'on percevait les fermages trop tard, la discorde sourde minait le château plus sûrement encore que les parasites de toutes sortes dont l'envahissement n'était plus combattu. On était prêt désormais à la pire mésalliance, pourvu que la fortune fût insondable, mais là encore il était trop tard. Les nouveaux riches n'ont plus, aujourd'hui, le goût des savonnettes à vilains, leurs enfants font des mariages d'amour avec des aigrefins bien montés ou des beautés sculpturales et riraient d'un effroi nerveux à l'idée d'aller passer leur vie entière dans d'immenses châteaux obscurs pour effacer toute trace d'une origine inavouable et payer le prix de leur alliance.

La famille était définitivement tombée, et le château allait la suivre dans un ensevelissement définitif mais les invités continuaient de gravir les marches sans fin d'escaliers sans chauffage pour rejoindre l'appartement des soupentes où la baronne avait trouvé refuge contre le froid, le malheur et les siens. Le ban et l'arrière-ban de l'ancien duché auraient été officiellement convoqués qu'ils n'auraient pas donné lieu à un rassemblement plus aristocratique. Ils arrivaient par deux ou trois, saluaient les invités déjà installés dans l'ordre naturel des préséances, demandaient à nous être présentés lorsqu'ils ne nous connaissaient pas et entamaient ensuite cette conversation sourde à laquelle, comme si un charme puissant et maléfique agissait, nous ne parvenions pas à prendre part, alors même que notre présence, si elle était accueillie par des regards surpris, était entourée de prévenances.

Personne ne portait attention à l'état d'abandon de la pièce où nous nous trouvions, pas plus que cette assistance choisie ne semblait s'émouvoir de ne pas être reçue dans les salons de l'étage noble dont les décors comptaient parmi les plus célèbres du pays. Il arriva un moment où tous les sièges, pourtant nombreux, furent occupés ; les hommes restés debout tentaient de circuler, presque aisément, dans cet espace maintenant saturé par la nuit et des restes de grandeur. Cette assistance apportait un peu de chaleur humaine après la traversée de tant de chambres froides. Quelques abat-jour roussis confectionnés dans de vieilles soies dispensaient une lumière de lanterne magique dont la pâleur donnait aux ombres un aspect fragile et inquiétant.

Rien ne se passait, le thé refroidissait dans les tasses magnifiques et dépareillées. Seul un murmure étouffé, qui pouvait tout aussi bien être celui du vent soufflant dans les plus hautes branches, maintenait un peu de vie dans ce caveau mansardé. Nous ne savions pas très bien pourquoi nous étions là, ni même ce qu'il convenait de faire, quand soudain l'un des automates de vieille souche se leva, reposa sa tasse sur le marbre givré par le temps, articula quelques mots en direction de notre amie, se courba légèrement et prit congé. Le signal était donné, le convoi se forma avant de s'ébranler tout doucement et à pas lents. En quelques instants une procession silencieuse se dirigea de nouveau en direction des escaliers avec la gravité d'un cérémonial et dans un ordre parfait. La noblesse du pays rentrait chez elle après être venue rendre les derniers hommages à une famille mourante.

« Ce soir il y aura du rouge à table… »

Les fidèles serpentaient avec discipline autour de la place Saint-Pierre, une pluie fine encourageait les marchands à la sauvette à venir s'aventurer jusqu'au bord des grandes barrières blanches pour proposer à la foule trempée une multitude de petites bâches multicolores et transparentes en guise de pèlerines.

Bien que munis des larges invitations aux couleurs de la Préfecture de la Maison pontificale, nos chances paraissaient bien minces de pouvoir pénétrer à l'intérieur de la basilique avant le début de l'office ; mes souliers de cérémonie prenaient l'eau et les mantilles de ma femme et de mes filles s'égouttaient lamentablement le long de leurs joues glacées. Logés aux portes du Vatican, dans le beau palais della Rovere, propriété de l'ordre du Saint-Sépulcre, nous avions cru inutile de prendre de l'avance, et notre retard était maintenant consommé.

Renoncer si près des saints autels romains était impensable, il fallait jouer le tout pour le tout, et c'est pourquoi, poussé par l'inspiration du moment, je me mis à déboutonner lentement mon long manteau noir pour l'ôter puis le laisser simplement flotter sur mes épaules, et me retrouver ainsi au beau milieu de cette foule pieuse, vêtu de mon frac de cérémonie, arborant autour du cou l'ordre pontifical qui m'avait été remis quelques mois plus tôt par le nonce apostolique à Paris. Les enfants, tétanisés par la honte, me suppliaient de rebrousser chemin pour aller se réfugier dans les chambres où ils étaient enfin parvenus à capter la télévision française quand, contre toute attente, mon initiative eut un effet miraculeux : les pèlerins s'écartèrent sans la moindre protestation pour laisser passer l'étrange apparition, et c'est même encouragés par leurs sourires que je traversai à pied sec cette nouvelle mer Rouge jusqu'au poste de garde où la police italienne le cède à la garde pontificale. A peine d'ailleurs étions-nous en vue de la guérite que les gardes suisses, ici en simple tenue de service, relevèrent la barrière permettant d'accéder à l'intérieur de la colonnade du Bernin avant de se mettre au garde-à-vous. De là, ils nous escortèrent sans un mot jusqu'au narthex de la basilique pour confier à leur sous-officier, vêtu, quant à lui, du célèbre uniforme des gardes et coiffé d'un morillon étincelant surmonté de son panache blanc, ces étrangers égarés. Dans un français tudesque mais déférent, il demanda nos billets de place, salua encore, donna ses ordres, et aussitôt deux gardes se placèrent de part et d'autre de notre petit troupeau ; les brebis désormais sous bonne garde n'étaient pourtant pas au bout de leurs surprises.

Dans l'immensité de la basilique déjà noire de monde et dont la démesure remettait l'homme à sa juste place, des voix aériennes tentaient de s'échapper vers le ciel, se heurtaient à la coupole, retombaient parmi la foule pour mieux s'élancer de nouveau vers un mystère divin dont elles cherchaient à annoncer l'harmonie. L'émotion, la ferveur et l'espérance, tout nous étreignait et rendait bien dérisoires nos tenues de fête et la folle prétention qui, sous couvert du strict respect des usages, m'avait poussé à me présenter, ici, toutes décorations dehors. Ce sursaut d'humilité tardive fut bien vain et à la vérité ces scrupules calvinistes étaient assez déplacés au cœur de la Rome pontificale. Il n'était d'ailleurs plus temps de se battre la coulpe, déjà le pas des gardes, rythmé par celui d'un membre du service d'honneur du cercle Saint-Pierre, nous entraînait dans l'allée centrale le long de laquelle d'autres gardes suisses se trouvaient disposés à distances régulières. Revenu de mes éblouissements, je remarquai que, chaque fois que nous passions à leur hauteur, ils n'hésitaient pas à faire sonner leurs immenses hallebardes sur le pavé de marbre. Les fidèles déjà installés de chaque côté de la nef, n'oubliant pas qu'ils étaient aussi des touristes, mitraillaient ces pèlerins en frac et en mantilles comme d'étonnantes curiosités à moins qu'ils ne fussent persuadés qu'un principicule sans trône venait faire ce jour-là ses dévotions romaines.

A mi-chemin, qui m'apparut déjà d'une longueur infinie, l'homme en habit dont la dignité rassurante marchait à nos côtés nous remit, à son tour, entre les mains d'un premier gentilhomme de Sa Sainteté reconnaissable à la lourde chaîne dorée ornée des clefs de saint Pierre surmontées de la tiare, insigne de sa charge. L'homme aux cheveux blancs auxquels un rinçage récent donnait quelques reflets bleutés inclina cérémonieusement la tête en forme de salut puis entama une nouvelle ascension de l'allée centrale, laissant derrière lui d'innombrables rangées de fidèles soigneusement alignés. Il paraissait désormais acquis que nous ne nous arrêterions plus en si bon chemin, mais, parvenus au bout de la nef, là où les immenses piliers portant le dôme marquent la frontière avec le chœur, nous étions néanmoins persuadés que cette marche solennelle arrivait à son terme. Pourtant, tout à coup, un second gentilhomme plus richement décoré encore que son prédécesseur – il portait en travers de son gilet noir, messe pontificale oblige, le grand cordon de l'ordre constantinien de Saint-Georges dont le bleu délicatement moiré est toujours du meilleur effet – me fit signe de le suivre, puis il entama un léger mouvement pivotant sur la droite du chœur, passa devant une série de fauteuils vides en bois doré disposés en arc de cercle autour du maître-autel. L'espace d'un instant, l'idée me traversa l'esprit que, pris d'un accès de folie sénile, le vieil homme ployant sous le poids de ses hérédités allait se diriger vers les degrés qui conduisent à l'autel lui-même.

Ce doute immédiatement dissipé, il nous fallut contourner la rangée de fauteuils, puis le gentilhomme, rejoint par deux de ses augustes confrères, dont un de stature imposante, entama un conciliabule qui, de toute évidence, me concernait ; les voix étaient basses et les gestes retenus, mais l'échange avait quelque chose de fébrile. A plusieurs reprises je compris que la croix que je portais maintenant autour du cou comme une corde peccamineuse, ainsi que la brochette de miniatures pendant à mon revers, faisaient l'objet d'une savante pesée et de supputations sourcilleuses. Au bout de quelques instants, le plus grand des gentilshommes par la taille et dont j'avais remarqué la Toison d'or portée en sautoir, ce qui en faisait, au bas mot, une Altesse Sérénissime, entreprit de faire reculer une famille déjà installée au premier rang donnant directement sur le chœur. Avant même qu'elle ne mette sa résolution à exécution, j'intervenais dans un italien aussi approximatif qu'embarrassé auprès de l'Altesse présumée pour la conjurer de n'en rien faire. Il me fut répondu, dans un parfait français de cour, que la décoration dont j'avais été honoré par le pape me donnait la préséance, partout où Sa Sainteté célébrait la messe, non seulement sur les chevaliers de Malte et du Saint-Sépulcre mais aussi sur les élus de la République italienne, car la famille à laquelle il était demandé de céder la place se révélait être celle d'un député de la Démocratie chrétienne. Seul un Chevalier du Christ ou de l'ordre Pie pouvait prétendre avoir le pas sur nous, mais ce soir-là, malgré l'affluence des grandes fêtes carillonnées, il ne s'en trouvait aucun à sa disposition. Il fallait occuper ce banc et pas un autre.

Tous ces vains ornements commençaient à me peser, aussi refusai-je poliment mais catégoriquement de déloger qui que ce soit, proposant de m'asseoir avec ma petite famille sur les rangs du transept restés libres. L'Altesse, assez peu habituée à ce que l'on discute sa science de l'étiquette pontificale et soucieuse d'installer tout son monde avant le début de la cérémonie, insistait avec une autorité tout autrichienne. J'étais au supplice, mes enfants, eux, auraient voulu disparaître sous les dalles séculaires, et je lançais au parlementaire des regards à la fois pleins de gêne et d'amitié, essayant de me désolidariser, comme je le pouvais, de toutes ces rigueurs protocolaires. Comprenant la situation et soucieux de trouver, lui aussi, une issue honorable, comme à la Chambre, le député demanda à sa propre famille de se serrer pour faire un peu de place à la mienne, et c'est ainsi que, quelques minutes plus tard, je vis arriver le Sacré Collège puis le pape Benoît XVI coiffé de la grande mitre dorée, assis sur une seule fesse mais soulagé de ne plus être, enfin, l'objet de tous les regards.

Une fois la cérémonie terminée, les fidèles privilégiés installés au plus près du baldaquin du Bernin furent invités à attendre patiemment que la basilique se vide avant de pouvoir eux-mêmes la quitter. Les gardes suisses qui nous avaient escortés deux heures plus tôt avec tant de solennité barraient maintenant le passage de leurs hallebardes. La petite foule en mantilles et uniformes de toutes sortes ne tarda pas à oublier toute considération d'étiquette pour se dégourdir un peu les jambes, d'abord dans les travées du transept puis jusque dans le chœur lui-même. Des enfants un temps assoupis ou domptés par leurs mères s'aventuraient déjà jusqu'aux marches de l'autel, certains grimpaient même, dans un désordre de comédie italienne, sur les fauteuils abandonnés en désordre par les cardinaux. Le corps diplomatique, placé dans l'autre partie du transept, se délitait lui aussi nonchalamment sous nos yeux, les conversations d'ambassade reprenaient leur cours, on s'inquiétait, dans toutes les langues de Babel, de la santé du pape apparu particulièrement diminué, et les rumeurs de la curie se substituaient désormais aux paroles des Evangiles là où, quelques instants plus tôt, le mystère eucharistique avait été consommé.

Une main amicale vint à ma rencontre, c'était le premier conseiller de notre ambassade près le Saint-Siège dont la science de vaticaniste m'avait impressionné quelques jours plus tôt. S'approchant de moi, il me chuchota : « Vous n'avez pas oublié le dîner de ce soir chez la princesse R*** ? Ne manquez pas ça, il y aura du rouge à table... » Une fois prononcées ces paroles mystérieuses qu'un néophyte aurait pu prendre pour de simples propos d'œnologue, il fut emporté par la foule des habits noirs à pendeloques et des mantilles de Valencienne qui s'engouffrait dans la nef dont la garde suisse venait enfin d'autoriser l'accès.

Le temps pour moi d'abandonner la raideur empesée du frac pour le confort moelleux de mon smoking, de donner nos dernières recommandations aux enfants trop heureux de retrouver leurs chaînes satellitaires, de héler un taxi : nous étions prêts à partir pour le Corso.

Le palais R***, frappé de gigantisme comme tous les palais romains, ne vous accueille pas, il vous écrase du poids de ses façades, qu'en l'occurrence une place et trois rues peinent à contenir depuis maintenant cinq siècles. Aucune maison aristocratique ne peut prétendre en France étaler un tel faste urbain car, dans notre pays, depuis les déboires de Jacques Cœur et de Fouquet, seul le roi ou les princes de son sang peuvent se permettre la démesure alors qu'à Rome chaque famille recelant ou espérant un pape a pu s'autoriser le grandiose. Ces maisons fièrement désignées à Paris par des conférenciers appliqués sous le nom d'hôtels particuliers logeraient à peine les remises d'un prince romain.

Nous suivîmes d'abord longuement l'alignement de fenêtres hautes comme des porches pour parvenir à trouver l'entrée particulière réservée à la famille car les princes R***, fidèles en cela à une vieille tradition hospitalière et romaine, n'occupent plus la totalité de leur maison, dont le rez-de-chaussée et même les étages nobles sont depuis toujours loués. C'est d'ailleurs là que la jolie reine Hortense dont la passion ne fut pas toujours celle du Christ abrita des amours trop charnelles.

Une fois découverte puis franchie cette porte secondaire par laquelle quatre chevaux pouvaient tout de même passer de front, un premier laquais portant la livrée des R*** indiquait nonchalamment le long chemin à parcourir jusqu'à ce degré monumental, orgueil de la maison autant que de la ville, immense morceau d'architecture dû au compas d'un géant et dans lequel le vent s'engouffrait en ce mois de février avec la fougue d'un jeune homme montant l'escalier d'une femme complaisante. Les flammes de hauts flambeaux d'argent, posés à même les marches de marbre, ployaient sous cet assaut glacé et ne suffisaient pas, loin s'en faut, à éclairer les voûtes détrempées d'obscurité, car ce n'était pas leur rôle. Les deux chandeliers avaient été placés là, puis allumés, dès que la traîne pourpre d'un premier prince de l'Eglise avait balayé le seuil de la maison, ils signalaient désormais aux invités comme aux passants la visite et donc la présence, au palais, d'un cardinal.

Il n'allait pas rester longtemps, seul de son espèce. Les appartements où la famille des princes R*** avait trouvé un peu de confort bourgeois suffiraient, en France, à loger un secrétaire d'Etat et peut-être même un ministre de plein exercice à condition qu'il veuille bien réduire un peu sa suite. Il fallait donc poursuivre l'ascension de l'escalier titanesque pour y parvenir. Dans l'antichambre trônait, au sens propre, l'immense baldaquin frappé des armes montueuses de cette famille élevée au principat par le pape Clément XI pour prix d'un régiment, victorieux il est vrai, et depuis l'une des premières de la noblesse noire. Cette noblesse romaine restée fidèle à la souveraineté temporelle du Saint-Père quand les Savoie, puis la République italienne avaient eu le mauvais goût d'occuper et de s'installer définitivement au palais du Quirinal. Prévu pour parer à une visite inopinée du pape, la présence du baldaquin est un privilège insigne réservé, à Rome, aux seules familles princières et à quelques autres qui, sans avoir pu décrocher cette timbale par la grâce d'un oncle pape, se contentaient d'avoir le droit de le recevoir. L'ombrelle quant à elle pendait ostensiblement aux côtés de l'immense baldaquin dans l'attente de cette visite pontificale, très hypothétique en vérité depuis que l'Esprit saint néglige le patriciat lors des conclaves préférant désormais se jucher sur la mitre étonnée de quelques cardinaux transalpins et roturiers, mais qu'il fallait néanmoins savoir attendre.

Pour l'heure, avec cette désinvolture racée qui n'est pas le moindre des charmes de la noblesse romaine, le baldaquin privilégié servait à entasser nos manteaux avant qu'ils ne soient emportés vers les profondeurs insoupçonnées du vieux palais.

La princesse, juchée sur des jambes vertigineuses, attendait ses invités dans la deuxième antichambre, transformée en petit salon meublé de canapés aussi frangés que profonds et de cabinets montés couverts de pierres dures où l'on voyait des personnages mythologiques en bronze doré prendre des poses. Là, elle recevait les premiers hommages tout en surveillant très discrètement mais d'un œil de chambellan l'encadrement de marbre de la porte d'entrée dans lequel pouvait apparaître, à tout moment, une soutane de cérémonie. Elle esquissait alors, sans cesser de sourire, une révérence plus ou moins marquée en fonction de la couleur de la ceinture qui la soulignait. L'arrivée d'une austère robe de bure surmontant les sandales d'un moine détonnait mais ne surprenait personne comme si la seule présence de cette sévérité de cloître avait pour rôle de rehausser l'éclat de la pourpre. En effet, lorsque du rouge s'intercalait dans l'embrasure de marbre gris, la princesse s'excusait auprès de ses hôtes laïcs d'un joli battement de cils, prévenait son mari d'un frôlement de la main et partait au-devant de l'éminence dont elle faisait mine de baiser l'anneau avant même que le cardinal n'ait esquissé le geste de l'en dispenser. La rapidité de ce cérémonial, répété plusieurs fois en quelques minutes avec une simplicité parfaitement maîtrisée, fixait particulièrement mon attention alors que le portrait par Bronzino accroché aux cimaises de ce salon romain aurait nécessairement fait mon admiration dans les galeries du Louvre ou des Offices. C'est le problème des toiles de maître suspendues aux murs des maisons où l'on va, on les traite toujours avec trop de familiarité en oubliant, à tort, de leur rendre les devoirs esthétiques qu'ils méritent. Le monde distrait de tout, même des chefs-d'œuvre.

Les invités, très nombreux, continuaient à affluer. Prélats d'antichambre, protonotaires apostoliques, participants et surnuméraires, chapelains de Sa Sainteté, évêques de toutes nationalités un peu intimidés par tant de grandeurs romaines se bousculaient presque et envahissaient littéralement la pièce, mais un cercle respectueux se formait au milieu d'eux aussitôt qu'une éminence faisait son entrée dans le salon.

Très vite nous abandonnâmes par discrétion ces antichambres au clergé romain pour un salon où s'étaient déjà réfugiés quelques smokings diplomatiques et les rares robes longues portées par des femmes. Une photo posée sur un guéridon très *Risorgimento*, incongru dans cette maison Renaissance mais délicieusement suranné, attirait le regard. On y voyait le grand-père du prince, portant l'uniforme « à l'espagnole » de sa charge de grand maître du Saint-Hospice, l'œil barré d'un bandeau noir d'une rare élégance et donnant le bras à une reine catholique, reconnaissable au blanc de sa mantille, afin de la mener jusqu'au pape. C'était là le rôle essentiel de cette fonction séculaire que Pie XII, beaucoup plus moderne que l'on veut bien le dire, supprima à la mort du dernier prince titulaire en même temps qu'il coupa, dans un élan de simplicité évangélique, la longue queue écarlate de ses braves cardinaux. C'est en tout cas ce que me raconta d'un petit ton moqueur la princesse, amusée par mon attention, dont la silhouette s'était brusquement dégagée de la couronne de soutanes dont elle était auréolée pour se glisser jusqu'à moi sans que je m'en fusse aperçu. Elle ajouta d'un rire : « Vous savez, nous avons la même avec Eva Perón, si cela vous amuse je vous la montrerai, elle était très mal élevée mais d'une élégance folle ! » Sur cet ultime lazzi romain, elle donna le signal du dîner.

Les portes des salons s'ouvrirent dans un grand fracas de cour pour laisser s'échapper le son délicat d'une harpe. La maison n'oubliait pas qu'elle avait eu Haendel pour maître de sa chapelle. Cette maison d'ailleurs n'oubliait rien et en tirait, comme Rome, toute sa grandeur. L'assistance étant nombreuse, les tables avaient été dressées non seulement dans les antichambres dont ce fut toujours le rôle mais aussi dans plusieurs salons. Les grotesques peints aux corniches guettaient les regards admiratifs de ces Parisiens habitués à des plafonds plus bas.

Le nombre de représentants du Sacré Collège était tel ce soir-là que chaque table ou presque pouvait être présidée par un prince de l'Eglise ; la princesse elle-même était littéralement supportée, au sens héraldique du terme, par deux cardinaux parmi les plus vénérables et les plus respectés de la curie. Il se murmurait même, d'une table l'autre, qu'un jeune cardinal papabile, récemment créé, se trouvait parmi nous. En cas de conclave précipité, le baldaquin de la première antichambre était donc prêt pour une visite de digestion.

Jamais de mémoire romaine contemporaine la pourpre n'avait été répandue avec une telle profusion dans un palais romain depuis le dernier concile. La noblesse noire avait alors ouvert en grand et illuminé ce palais *a giorno* afin d'accueillir évêques, archevêques et cardinaux accourus du monde entier pour répondre à l'appel généreux et réformateur du pape Jean XXIII. Elle fut d'ailleurs bien mal récompensée de l'hospitalité et du faste déployé à l'époque car le concile la priva non seulement des tribunes qui lui étaient réservées depuis des temps immémoriaux dans les travées de la basilique Saint-Pierre mais encore des grades qu'elle se transmettait par droit de primogéniture au sein de la Garde noble ou de la Garde palatine dont les éblouissants uniformes ont été anéantis depuis par les mites vaticanes, bien connues pour leur voracité irrespectueuse des grandeurs de ce monde, *Sic transit gloria mundi*...

Soucieuse de mettre une pointe de blanc dans tout ce rouge et à défaut de pouvoir espérer une visite du Saint-Père, même en cure-dent, la princesse avait eu l'idée amusante de faire servir depuis l'entrée jusqu'au dessert un menu entièrement cuisiné à la truffe blanche. L'odeur de cette délicate attention avait traversé les salons avant même que chacun n'en trouve la confirmation calligraphiée sur les menus adossés nonchalamment aux verres en cristal. Le bénédicité fut prononcé dans le recueillement d'estomacs déjà pleins de reconnaissance mais sincèrement préoccupés à l'idée qu'il serait bien difficile au Seigneur de donner de la truffe à ceux qui n'en ont pas. A peine étions-nous assis qu'une armée de laquais portant de larges corbeilles d'osier se présenta. S'immobilisant devant chaque table, puis respectant l'ordre protocolaire du service à la française, ils présentèrent d'abord les paniers à la gauche du convive auquel revenait la place d'honneur. Il s'agissait d'ouvrir les appétits en permettant aux invités d'humer ces pépites d'or blanc encore protégées par leur gangue terreuse avant de les retrouver dans leurs assiettes. Le silence était religieux mais le parfum, lui, bien que céleste, n'était plus celui de l'encens.

C'est à ce moment précis que l'inconcevable se produisit. L'atmosphère si délicate des palais romains s'englua subitement, la princesse dont la voix s'accordait naturellement avec le pincement des notes de la harpe étouffa un cri de surprise à fêler les carafes. Le saint homme emmailloté de pourpre et que la maîtresse de maison avait voulu honorer, connu pour sa piété et sa bonté n'avait pas cependant les usages de ses fastueux prédécesseurs car déjà le pape François pointait sous Benoît XVI. Croyant que le service avait déjà commencé, celui-ci venait de piocher distraitement une énorme truffe dans la corbeille tendue et l'avait simplement posée dans son assiette, attendant de pouvoir imiter sa voisine pour savoir comment la déguster.

Les grotesques, échappés des ruines de la maison de Néron pour venir nicher au XVIe siècle dans ce palais plus confortable, n'avaient rien vu de pareil depuis Vatican II ; ils restaient pantelants, partagés entre le rire et les larmes, mais surtout curieux du supplice qui allait être réservé au prélat sacrilège. Peut-être espéraient-ils secrètement le voir jeter aux Murènes comme les esclaves de Vedius Pollion et retrouver ainsi les plaisirs sanguinaires de leur antique jeunesse.

A leur grande déception, il n'en fut rien. Reprenant la conversation là où elle l'avait abandonnée quelques secondes plus tôt sous le coup de la surprise, la princesse plongea à son tour la main dans la corbeille de truffes avec le détachement d'une Cléopâtre cherchant tranquillement la morsure de l'aspic parmi les figues. A ce seul geste, les domestiques figés par l'étourderie cardinalice comprirent ce qu'il leur restait à faire et servirent une truffe à chaque convive. Dans un immense élan de charité mondaine, chacun se servit donc soigneusement, puis quelques minutes plus tard, un maître d'hôtel vint retirer les assiettes pour rapporter les truffes en cuisine où elles commençaient à faire cruellement défaut.

Le cardinal distrait s'étonna mais, sans lui laisser davantage le temps de s'interroger à haute voix, le prince, tout à la fois ému et subjugué par la présence d'esprit de sa femme, vint la relayer en expliquant à haute et intelligible voix qu'il s'agissait là d'une vieille coutume de table florentine, ville dont la famille tirait ses lointaines origines, mais dont le sens profond s'était depuis longtemps perdu. Tout le monde complimenta alors le maître de maison de continuer à respecter d'aussi belles traditions malgré l'obscurité de leur signification.

L'annonce de l'entrée, une fondue de parmesan à la truffe selon une recette empruntée au grand Vassilli, le Vatel italien, suffit à relancer de concert les notes de la harpe, le cliquetis des couverts et le feu de la conversation.

A notre table personne n'osa le moindre commentaire sur le curieux rituel auquel nous venions d'assister, chacun préférant étendre aux membres du Sacré Collège l'infaillibilité pontificale, tout au moins en matière d'usages de table. Il y avait là deux évêques étrangers dont un résidait en permanence à Rome, un prélat de Sa Sainteté, des représentants du corps diplomatique près le Saint-Siège bariolés de décorations et une extravagante comtesse romaine à laquelle rien de la scène n'avait échappé et dont il était clair que la langue oscillait depuis quelques minutes entre médisance et commisération. Le cardinal gaffeur fut néanmoins protégé par sa barrette et la comtesse resta silencieusement miséricordieuse. C'est alors qu'un invité, peu au fait du protocole romain et déconcerté par l'inextricable écheveau des honneurs et des titulatures dont usaient pourtant avec dextérité la plupart des convives, demanda timidement quelle était en réalité la différence entre un *Monsignore* portant les bas violets et un simple prêtre. L'évêque étranger résidant depuis de longues années sur les bords du Tibre répondit du tac au tac : « Absolument aucune, mais le *Monsignore*, lui, ne le sait pas. » La risée fut générale bien que légèrement pincée chez le prélat d'honneur de Sa Sainteté présent à notre table et dont les bas violets éclairaient autant la démarche que le visage. Le sujet était lancé, la truffe râpée, et la conversation se déchaîna à propos de la cascade des honneurs et des titres qui jaillit depuis des siècles au pied du trône de Pierre. Nous étions bien à Rome, mais eu égard à notre présence, la simplicité française qui consiste à s'adresser aux évêques en leur donnant du Monseigneur fut unanimement louée par les Italiens présents. Ils prirent néanmoins la précaution de nous prévenir que, de ce côté des Alpes, un évêque auquel on ne donnerait pas de l'Excellentissime Seigneur ou à tout le moins de l'Excellence ne répondrait pas. Non par vaine gloire, ajouta aussitôt le prélat d'honneur qui rendait ainsi la monnaie de son obole à l'évêque étranger, mais tout simplement parce qu'il serait absolument convaincu que votre propos ne s'adressait pas à lui mais à son secrétaire particulier. Les mozettes de beau drap noir élégamment filetées de toutes les nuances de mauve, de violet et d'amarante tressautèrent sous l'étouffement des rires. En précisant dans mon italien approximatif qu'en réalité les évêques français exigeaient le plus souvent d'être appelés simplement mon père et adoptaient à l'égard des titulatures romaines une distance très gallicane, je teintai à mon grand regret l'ambiance pourtant joyeuse d'un peu de consternation. La comtesse romaine dont le cou laissait voir une somptueuse chute de perles blanches laissa échapper dans un soupir désolé : « Quelle chose barbare ce doit être de vivre dans un pays laïc où l'on respecte si peu les gens d'Eglise qu'eux-mêmes en viennent à oublier non pas les honneurs qui leur sont dus, mais le respect que l'on doit à Notre Très Sainte Mère l'Eglise et à ceux qui la servent. »

On nous regarda alors, ma femme et moi, avec cet air bon et apitoyé le plus souvent réservé aux exilés politiques chassés de leur pays par une révolution sanglante. L'irruption d'un veau truffé immédiatement arrosé d'un excellent sangiovese de Romagne écarta les petits nuages pénitentiels maladroitement accumulés au-dessus de la table par mes révélations.

Soucieuse de les dissiper entièrement, ma femme se tourna vers l'évêque extrême-oriental placé à sa droite pour lui demander de quelle façon les fidèles de son pays s'adressaient à leur évêque. L'homme, dont la soutane élimée faisait piètre figure au milieu de toutes ces élégances ecclésiastiques de très bonne facture, parlait uniquement l'anglais et se contentait depuis le début de la soirée de participer à la conversation en souriant aux bribes de traduction charitablement assurées par ses deux voisines de table. Il se fit répéter la question pour être sûr d'avoir bien compris puis lâcha dans un rire d'enfant : « "*Hep Bishop*", quand un fidèle veut me parler il m'apostrophe dans la rue par "*Hep Bishop*".

– *Hep Bishop* ? répéta incrédule le prélat d'honneur.

– Oui », confirma avec une moue de consternation l'une des deux traductrices à l'oreille de laquelle l'évêque des mers chaudes avait chuchoté quelques renseignements sur l'état de l'Eglise catholique dans son pays où régnait une junte marxiste et superstitieuse. Lorsqu'elle fut assurée de bien avoir compris, la comtesse romaine aux perles immaculées serra nerveusement entre ses doigts la lourde bague reliquaire dont le contenu morbide protégeait sa main depuis cinquante ans et sa famille depuis cinq siècles, en dissimulant un haut-le-cœur. Je l'entendis alors confier à son voisin qu'elle ferait porter dès le lendemain à ce pauvre missionnaire qui, vivant au milieu des sauvages, marchait inexorablement vers le martyre, une soutane toute neuve de chez Gammarelli.

Le dîner touchait à sa fin, le mille-feuille au sabayon se révéla, au sens propre, un « petit Jésus en culotte de velours », et les grâces furent dites avec une immense reconnaissance à Dieu et à cette noblesse romaine qui lui doit tant.

Alors que nous étions déjà engagés sur le Corso, ma femme s'aperçut qu'elle n'avait plus son portable sur elle, il avait certainement glissé de sa pochette de soie restée entrouverte. Il fallut arrêter le taxi, courir jusqu'au palais la cravate noire dénouée, tambouriner à la porte, monter quatre à quatre les marches de l'escalier cyclopéen, croiser les serviteurs de la maison roulant devant eux les tables du dîner comme Joseph d'Arimathie la pierre du Saint-Sépulcre et se faire ouvrir la grande antichambre par un maître d'hôtel inquiet de cette *furia francese*, tout en espérant ne pas tomber sur la princesse en pantoufles de vair. Je tentai de me faire comprendre et d'expliquer les raisons de mon retour quand, s'écartant de quelques pas dans un geste théâtral, le digne serviteur m'indiqua le baldaquin. Là, délicate attention des vieilles maisons romaines, un téléphone portable posé sur un large plat d'argent m'attendait comme le saint sacrement.

Lièvre à la royale

C'est le prince lui-même qui, toujours vêtu d'une veste d'intérieur taillée dans d'anciens brocarts persans, ouvre la porte, sourit de son regard bleu de France un peu délavé par l'histoire et demande aussitôt à pouvoir prendre les manteaux de ses invités. Commence alors, le long de cette entrée étroite, un ballet d'étiquette où chacun s'efforce de désobéir au prince tout en le saluant. Les hommes s'emparent avec une précipitation maladroite des pelisses de leurs femmes pendant qu'elles esquissent une révérence, pour les confier aussitôt à Thierry de L*** dont la silhouette élégante et amusée ne tarde jamais à s'inscrire derrière celle de Monseigneur. Comprenant que personne n'acceptera de l'utiliser comme maître d'hôtel, le comte de P*** met néanmoins un point d'honneur à indiquer à chacun d'un geste gentiment répété la petite pièce où les maris pourront achever de se dévêtir.

Il n'est plus d'usage de cour, ici, d'éterniser les respects et les saluts, car le prince n'attend rien pour lui mais savoure déjà, avec une pointe d'impatience, les hommages que ses invités vont aller déposer, dans l'instant, aux pieds de la princesse assise à côté.

Selon la saison, une flambée crépite dans la cheminée de marbre blanc de cet immeuble haussmannien sans intérêt particulier sinon le souvenir de feu la comtesse de P***, la mère du prince, dont la dignité émeut encore quelques vieux chouans perclus de rhumatismes. La pièce, artificiellement cloisonnée, surprend par la modestie de ses dimensions, mais le décor, lui, demeure royal. Les souvenirs de famille y sont nombreux et présentent cette étrange particularité d'être, aussi, ceux de la France. Dans l'embrasure de la porte, un petit cadre de bois blanc accueille la dernière lettre écrite par Louis XVI à son fils, la veille de son exécution. Il faut un regard d'une curiosité inconvenante pour la remarquer, car l'idée de vous la désigner ne viendrait évidemment à personne et surtout pas au prince. Dans d'autres familles françaises, on accrocherait là les décorations d'un arrière-grand-père tombé à Verdun ou une lettre du général de Gaulle adressée à un vieil oncle Compagnon de la Libération. Ici pend simplement le souvenir d'une tragédie familiale dont la France contemporaine reste la fille.

Installée dans un haut fauteuil de style étrangement chippendale, le cendrier de poche qui ne la quitte jamais posé à portée de main, Madame attend des hommages qui ne tardent pas mais qu'elle accueille avec détachement car, ce dont elle brûle, c'est de pouvoir enfin engager une conversation. Le cheveu lisse et blanc, le regard noir de cendres d'une ancienne beauté espagnole qu'elle plante directement dans celui de son interlocuteur, Madame veut immédiatement croiser le fer sur tous les sujets d'humeur ou d'indignation dont elle a fait provision depuis son dernier entretien avec vous. Madame lit tout, Madame ne manque rien, Madame souffre de ce qu'elle voit et de ce qu'elle entend. Tout l'émeut, tout l'étreint, tout l'afflige. Madame a quelque chose de la Pasionaria, la révolution et le marxisme-léninisme en moins. Les larmes lui viennent aux yeux lorsque la religion ou le pays lui paraissent attaqués. Elle s'est levée, vous embrasse avec transport alors même que vous alliez vous incliner, vous attrape le bras et entame aussitôt le portrait crépusculaire et charnel de cette France dont elle aurait pu ceindre la couronne. Personne évidemment n'ose s'asseoir. Chacun reste debout et l'écoute. Le prince, lui, accoudé à la cheminée, se tait, laisse le rougeoiement des braises jouer avec le feu des brocarts de sa veste, la contemple et l'admire puis, l'appelant doucement par son prénom, l'encourage à reprendre place pour que chacun puisse en faire autant. L'étiquette jette alors sur ce confortable salon bourgeois ses derniers éclats. La rareté des convives, l'intimité du décor, la gentillesse du prince et les plaisanteries de Thierry de L*** réchauffent très vite l'atmosphère. Les invités, qui, quoi qu'ils en diront le lendemain dans les dîners en ville, sont intimidés et finissent par se détendre. La princesse se lève pour venir piquer une cigarette dans l'étui posé sur le plateau de la cheminée et dans lequel son mari et elle piochent à intervalles réguliers. Aussitôt, comme si le même mécanisme animait chaque invité, tout le monde se retrouve debout et attend que Madame se soit assise pour faire, de nouveau, de même. Une sonnerie retentit, le prince quitte la pièce pour aller ouvrir, des voix familières se font entendre, Madame reconnaît celles de sa belle-sœur et de son beau-frère, et se rend, immédiatement, à leur rencontre. Chacun se lève aussitôt puis attend que les deux princesses se soient assises pour essayer de retrouver une place. Ayant perdu à ce jeu-là, je suis invité à venir m'installer sur l'accoudoir du grand canapé blanc, j'obéis tout en m'excusant de surplomber ainsi tant d'Altesses Royales... On sourit, le prince sert généreusement un whisky anglais dont personne ne doute qu'il ait été distillé pour une reine. Avant même que quiconque ait pu anticiper son geste, Madame se lève pour se servir des glaçons. Le ressort du mécanisme secret joue une fois encore instantanément et tout le monde se retrouve debout. Thierry de

L***, fatigué par cette épuisante gymnastique de cour, s'exclame alors en finissant de s'emparer du seau à glace : « Nous allons servir Madame qui va rester bien tranquillement assise pour que nous puissions tous en faire autant, sinon on ne va jamais en sortir ! » Chacun rit de bon cœur comme à Versailles on riait aux plaisanteries poissardes dont Louis XV faisait usage dans le cadre de famille, affublant au passage ses filles de surnoms tendres et grotesques. C'est l'instant choisi par le duc et la duchesse de C*** pour venir fermer le cercle autour de Madame, ils ont été retenus par une baby-sitter peu au fait des horaires d'étiquette. Malgré les supplications courroucées de Thierry de L***, le petit manège recommence, nous voilà devenus plus disciplinés que les automates d'une boîte à musique.

Le prince ne perd rien de la scène, il sourit et paraît heureux, mais au moment où la conversation s'est enfin rétablie pour la plus grande satisfaction de Madame, il demande à ses invités de bien vouloir l'autoriser à s'éclipser pour partir en cuisine. Une odeur chaude et gourmande vient de s'inviter au salon. Certains regards interrogent, Thierry de L*** leur répond : « Si Henri IV voulait que tous ses sujets puissent mettre la poule au pot, Henri VII, lui, aime la préparer ! »

De retour au salon quelques minutes plus tard, le prince fait un signe à la princesse pour l'inviter à passer à table. Nous attendons que Madame ait glissé son cendrier de poche dans le petit étui de soie brodée prévu à cet effet et se lève pour pouvoir, à notre tour, la suivre à la salle à manger. Une table de marbre ovale comme on en voyait dans les magazines de décoration française à la fin du septennat de Valéry Giscard d'Estaing occupe une pièce tendue de sombre, elle est ceinturée de fauteuils et de chaises en bois noirci garnis de velours violet. Le prince rappelle toujours à ses invités qu'ils viennent de la chapelle Saint-Ferdinand érigée porte Maillot après la mort du duc de Chartres, fils aîné du roi Louis-Philippe, dont la tête, en se fracassant sur le bord de la route alors que ses chevaux le conduisaient au trop grand galop vers le château de Neuilly, brisa net le cœur de sa mère et les espoirs de la dynastie. Dîner assis sur des sièges de deuil paraissait un mauvais présage pour rêver d'une Restauration, mais le prince, lui, occupait un large fauteuil baroque orné de cuir de Cordoue en guise de trône familier et domestique. Comme les convives étaient peu nombreux, il fut inutile de leur désigner leur place, chacun sachant parfaitement se situer sur l'échelle des honneurs.

La table était très simplement dressée sur des sets de toile de jute teintés de violet eux aussi, mais la lourde argenterie aux armes de France, elle, rappelait des fastes plus anciens. L'entrée attendait dans les assiettes, la conversation reprenait, de nouveau dirigée par Madame à qui le prince laissait toujours le soin d'achever ce qu'il était en train de dire, plus confiant dans les talents de sa femme que dans les siens. Puis ce fut le tour de la sœur du prince et de leurs souvenirs d'une enfance presque orientale, vécue à l'ombre terrible et tutélaire de feu le comte de P***, sans qu'à aucun moment ses enfants émettent la moindre critique sur l'homme qui les avait ruinés, reniés parfois, maltraités souvent. Il avait été leur père, leur roi et même une sorte de divinité foudroyante au regard troublant. Eux l'avaient adoré, l'admiraient encore et ne voulaient se souvenir que des jours heureux lorsque cette famille nombreuse, royale mais turbulente s'ébrouait au soleil d'un Portugal sauvage et beau.

A l'évocation de ce bonheur perdu, le prince se leva, disparut de nouveau en cuisine pour réapparaître une saucière dans une main, un plat dans l'autre. Tous les hommes présents quittèrent leur chaise d'un bond pour le décharger de ce service mais il s'y opposa avec une fermeté sans appel. Cet homme au sourire toujours plein de bonté eut à cet instant dans la voix l'autorité de ses ancêtres tenant un lit de justice. Il avait préparé un lièvre, évidemment à la royale, et tenait à le servir lui-même, renouant ainsi avec ce goût pour la cuisine dont Louis XV faisait l'un de ses passe-temps favoris, à côté de quelques autres tout aussi gourmands mais moins culinaires, dans les petits appartements du château de Versailles.

La cuisson était parfaite et le vin coulait, sans que l'on y prenne réellement garde, des carafes du château d'Eu dans les verres du Cœur-Volant. La conversation se faisait plus resserrée, un ton de confidence s'installait doucement, l'intimité assouplissait le protocole, la chaleur gagnait l'esprit et invitait à l'émotion. Le couple princier avait très longtemps souffert de son illégitimité, le premier mariage de celui qui n'était encore que le jeune comte de C*** avec une princesse allemande, dernière union dynastique française, s'était étiolé. Le prince avait divorcé, affronté l'ire paternelle, les méchancetés de la presse et les quolibets d'un certain monde, il s'était remarié avec celle qui n'était pas encore Madame. Pour elle, il s'était vu dépouillé de ses droits et avait dû renoncer à la table de communion. Monseigneur aimait éperdument cette femme, bien plus encore que cette légitimité qui lui servait de trône autant que de prison. Si pour tous les Français le bonheur représentait désormais un droit vieux de plus de deux siècles, pour lui c'était encore une idée neuve à laquelle il paraissait bien décidé à s'accrocher plus fermement qu'à tous les trônes chimériques. Avec la ténacité de ces Capétiens qui finirent par faire de leurs forêts humides et sombres le royaume de France, il avait obtenu de Rome l'annulation de son premier mariage puis épousé religieusement celle qui, à ses côtés, réparait les malheurs anciens, atténuait les douleurs encore vives et apaisait ces dieux tragiques dont il était la proie.

La voie brisée par l'émotion et la fatigue, Madame évoquait la première fois où ils avaient pu s'approcher de nouveau, tous les deux, de la Sainte Eucharistie. Le prince n'avait jamais été roi et savait, contrairement à son père, qu'il ne le serait jamais, mais il restait le Très-Chrétien et savourait l'idée de partir un jour réconcilié avec autant d'appétit joyeux que la chair blanche et friable de l'animal sacrifié dans nos assiettes.

Les invités retenaient leur souffle, partagés entre le respect dû au fils de Saint Louis et l'amitié pour ce couple amoureux comme on l'est à vingt ans, alors même qu'un millénaire pesait sur eux avec la lourde beauté d'un gisant de Saint-Denis.

Les propos aigres distillés par des femmes très comme il faut et des hommes un peu pincés du faubourg Saint-Germain ou de ses annexes moins prestigieuses me revenaient à l'esprit. Un jour que j'évoquais un dîner chez le comte et la comtesse de P***, il me fut répondu avec la bonté d'une grenouille de bénitier séchée par l'envie et torturée par les aigreurs d'estomac que le couple princier recevait un peu au hasard, faute de convives dignes de ce nom. La méchanceté du propos me laissa stupéfait mais révélait les haines recuites de familles corsetées dans un légitimisme de pure convention mais auxquelles jamais un roi de France n'aurait imaginé adresser la parole. Il faut l'assurance d'une fortune puisée dans les égouts du Second Empire pour imaginer pouvoir prétendre avec autant d'aplomb arbitrer la vie des princes.

Contrairement à une idée très répandue, la noblesse française n'a jamais aimé ses rois, dont elle a toujours été malcontente, ou, plus exactement, elle a adoré leur vouer un culte sincère à partir du moment où ils n'ont plus régné. Exilés puis inhumés à l'autre bout de l'Europe, ils présentaient cet immense avantage de ne plus les humilier à coup de baguettes d'étiquette et surtout de tarir la source de tout anoblissement. Ainsi leurs noms, plus ou moins immémoriaux, n'en devenaient que plus précieux. Malgré deux empires et trois restaurations, jamais le faubourg Saint-Germain n'a autant brillé que sous les lampions tricolores de la IIIe République et sa loi d'exil qui, éloignant les prétendants, offrait aux seules duchesses un règne collectif sur une vie de cour définitivement éparpillée dans leurs salons. Marcel Proust aura été le Saint-Simon ébahi d'un Versailles sans roi, reconstruit pierre à pierre dans le Paris de Félix Faure.

Peu à peu, la table quittait néanmoins le rivage des confidences émues pour revenir à la France. Le prince en parlait comme d'autres évoqueraient une ancienne propriété de famille, depuis longtemps perdue, sans espoir de rachat, mais toujours aimée et pour laquelle on tremble chaque fois qu'elle change de main, car on craint pour elle l'abandon qui la ruinerait définitivement ou, pire encore, la rénovation brutale qui la priverait de son âme.

La petite cour que nous formions s'était transportée au salon où la conversation commençait à languir comme les braises au pied des chenets de bronze, mais Madame refusait obstinément de la laisser s'éteindre. Chacun répondait alors à ses questions, cloué à son fauteuil par la rigueur du protocole qui interdit à quiconque de quitter une pièce sans que le prétendant vous ait autorisé à le faire. Le duc et la duchesse de C*** redoutaient, mais en silence, que leur baby-sitter de fortune ne les appelle d'un moment à l'autre pour exiger de rentrer chez elle ou négocier une augmentation. La sauce du lièvre à la royale et les vins servis pour l'accompagner se donnaient le mot pour tirer impitoyablement sur les paupières les plus résistantes. Monseigneur, lui, avait retrouvé sa place, accoudé à la cheminée comme autrefois le prince de Joinville dans le salon de famille du Palais-Royal et ne donnait aucun signe de faiblesse. Il était taillé, contrairement à nous, pour affronter des cérémonies de couronnement et encaisser des harangues sans fin. La nuit promettait d'être longue quand, tout à coup, Thierry de L***, posant son verre de fine sur la table basse, s'écria avec la voix tonnante d'un premier gentilhomme de la Chambre : « Bon, maintenant, nous allons coucher Leurs Altesses Royales et nous retirer après leur avoir souhaité très respectueusement une bonne nuit. » Et d'ajouter : « C'est parfaitement incongru mais demain il y en a qui travaillent ! »

Comprenant que la cérémonie du grand couvert s'achevait, Madame se leva d'un air navré, pour que le fameux ressort d'étiquette, remonté depuis des siècles, puisse de nouveau jouer et permettre à chacun de la suivre, de s'incliner et de la quitter.

Dans la nuit déjà bien avancée, les taxis se faisaient rares.

L'abondance des Altesses

L'invitation m'avait été laissée très simplement sur la messagerie de mon portable par la baronne P*** dont l'accent inimitable, tant il rassemble d'origines éparses, est toujours le signe avant-coureur de fêtes inoubliables ou de dîners exquis.

Pour l'heure il n'était pas question de fête ni de dîner mais d'un déjeuner – un déjeuner de semaine – monté en toute hâte pour faire honneur à un prince du Nord, son très grand ami, débarqué à Paris sans crier gare et pour lequel il fallait réunir à la diable un semblant de cour.

La baronne, que tout le monde appelle par son joli prénom créole et bucolique, avait secoué son carnet d'adresses toute une matinée pour en faire tomber les noms de ceux qui pouvaient se trouver à Paris ce jour-là et dont la présence serait agréable au prince ou, à tout le moins, l'amuserait. J'étais de ceux-là et il me fut impossible de soutenir que j'avais peut-être à cette date des obligations vulgairement professionnelles. Je capitulai en rase campagne, remis à plus tard ce que je pouvais avoir à faire ce jour-là et acceptai l'invitation. Il me fut précisé qu'aucun P-M (Pour Mémoire) ne viendrait me rappeler la date, les délais étant beaucoup trop serrés, et puis la présence quasi royale aurait exigé tout un tas d'embarras. Le déjeuner serait très simple et le prince incognito. On comptait absolument sur moi. J'excusai ma femme retenue en province par d'arides missions administratives qu'il était parfaitement exclu d'expliquer ou de détailler. On la regretterait mais l'on ne pouvait pas m'assurer de me trouver une cavalière pour le déjeuner car Paris devenait impossible depuis que chacun vivait à Londres ou à Bruxelles, contraint de compter avec application, non pas son argent, mais les fameux jours de résidence en France strictement limités par la réglementation fiscale. La baronne ajouta non sans humour : « Il n'y a plus, aujourd'hui, que les banquiers suisses pour habiter Paris ! »

Une présence royale, ou presque, exigeant normalement que tous les hôtes soient sur place avant l'arrivée de l'auguste convive, je sonnai avec un bon quart d'heure d'avance à la grille de l'hôtel P*** situé à quelques mètres à peine de la place du Trocadéro. Les invités de ce déjeuner intime arrivaient les uns après les autres, déposés par leur voiture le long de l'avenue, l'une des plus élégantes de cette partie de la capitale. Le premier majordome entrouvrit une porte cochère démesurée, et les habitués s'engouffraient déjà dans le hall pour emprunter l'escalier quand des aboiements féroces obligèrent les plus pressés à ralentir le pas. C'était la chienne de la maison, un labrador chocolat exaspéré par les sauteries de sa maîtresse et bien décidé à empêcher toute cette meute, un peu trop élégante à son goût, de venir marcher sur ses brisées. Il fallut l'intervention énergique du deuxième majordome vêtu de la veste de drap bleu à boutons dorés et ganté de blanc pour que les plus téméraires d'entre nous se décident enfin à quitter l'immense escalier afin d'affronter l'entrée de l'appartement. Devant cette trahison domestique, la jeune chienne fut contrainte d'abandonner le terrain pour aller se plaindre de cette nouvelle invasion mondaine à sa maîtresse. La discussion, de ce que nous pouvions en entendre, fut vive.

Le vaste salon en rotonde où les premiers invités avaient été introduits, malgré les protestations énergiques de la petite chienne, était comme suspendu au milieu des arbres de l'avenue dont l'ombre, bien qu'elle doublât la soie des rideaux, ne parvenait pas à endiguer les débordements continus d'une lumière de printemps. Il était tendu d'une splendide indienne aux couleurs vives et de très jolies scènes de chasse dans le goût de Jean-Baptiste Oudry, à quoi le mobilier Louis XV d'excellente facture avec ses fauteuils garnis de tapisseries aux pavots finissait de donner un air de château de famille. Ultime raffinement que celui d'habiller d'élégances provinciales une adresse somptueusement parisienne. Cette maison était le fruit du mariage détonnant entre l'exubérance latine et une famille qui avait porté le luthérianisme sur les fonts baptismaux avant de donner à la banque d'escompte ses lettres de noblesse. Tout dans cette maison trahissait l'union du baron de Nucingen avec la Périchole, et c'était un mariage heureux.

Se trouvaient déjà là quelques amies de la baronne tout aussi bien mariées qu'elles quand l'entrée d'un jeune homme tout cousu dans son costume sur mesure fut unanimement saluée. Je reconnus aussitôt le jeune prince du Saint Empire qui m'avait été présenté dans ce même salon quelques mois plus tôt. Les ancêtres du prince avaient taillé en pièces les protestants de Bohême lors de la guerre de Trente Ans, mais le maître de maison pourtant issu de la très rigoureuse HSP[1] ne lui en tenait aucune rigueur. Le monde a cela d'attachant qu'il n'est en réalité ni rancunier ni sectaire dès lors qu'au fond chacun sacrifie aux mêmes rites sociaux. Le reste relève

1. Haute Société Protestante dont les barons P*** forment avec les Hottinguer, les Pourtalès et les Delessert la fine fleur.

du détail ou de l'intime et n'a pas droit de cité dans un salon.

Le baron, alerté par les aboiements et inquiet de ne pas entendre la voix de sa femme, était venu au-devant de ses invités pour faire servir l'apéritif. Il congratulait les uns et les autres avec la chaleureuse bonhomie d'un dîner de chasse. Il me reconnut et vint m'entretenir du Président auquel il vouait une admiration sans bornes quand sa femme fit son entrée, annoncée par la petite chienne bien décidée à mettre tout ce trop beau monde dehors. La baronne P*** était vêtue d'une simple robe de cocktail sans aucun bijou mais portait de larges chaussettes de gros lainage noir rabattues sur de petits escarpins vernis. Ses amies s'extasiaient déjà quand son mari interloqué vint à sa rencontre pour lui demander si elle n'était pas folle de porter des chaussettes de montagne par une chaleur pareille. Tous les hommes présents, sauf le jeune prince du Saint Empire, dissimulaient mal leur étonnement et échangeaient des coups d'œil interrogateurs mais furtifs. La baronne eut pour son mari, à cet instant, le regard de la fille de l'empereur Moctezuma au moment d'être présentée à son futur mari espagnol, puis, prenant tout le monde à témoin, ajouta : « Pardonnez mon mari, il ne sait pas qui est Chanel. » Toutes se mirent à rire, et les hommes suivirent avec une lâcheté confondante à laquelle je n'échappai pas.

L'arrivée de l'invité d'honneur, prince presque roi, dissipa l'embarras et évita de longues discussions sur les extravagances de la mode parisienne. L'homme d'origine française avait épousé autrefois une reine nordique, il était jovial et enveloppait de chaleur méridionale cette distance imperceptible que le trône met immanquablement entre ceux qui y sont assis, même si ce n'est en réalité que sur l'accoudoir, et les autres. Il connaissait à peu près tout le monde, se montrait affable avec chacun et se laissait gentiment chambrer par la maîtresse de maison. Vêtu d'un costume à la couleur indéfinissable, la cravate mauve nouée un peu rapidement, les mains chargées de bagues, il arborait avec ostentation l'élégance d'un puissant concessionnaire automobile et démontrait, une fois de plus, que la recherche vestimentaire est affaire de simples particuliers, l'hermine et la pourpre suffisant à l'élégance des rois. La petite chienne écrasée par tant de majesté s'était couchée au pied du trône et offrait son ventre rose aux caresses du soleil, seul roi auquel elle voulait bien se soumettre.

Les verres de whisky se vidaient et se remplissaient depuis quelque temps déjà, et le maître de maison commençait à montrer quelques signes d'impatience : chaque fois qu'il passait à proximité de sa femme, il lui demandait, de moins en moins discrètement au fur et à mesure que l'aiguille de l'horloge portique tournait, qui pouvait bien manquer encore à l'appel pour que l'on ne puisse pas passer à table. Respectueux des usages de cour et peut-être tenaillé par la faim, il trouvait invraisemblable que des invités, bien élevés par excellence puisqu'ils l'étaient à sa table, puissent se permettre de faire attendre le prince qui, pour sa part, ne laissait rien paraître et semblait fermement décidé à ne se formaliser de rien. Il était en France, avait abandonné au vestiaire l'uniforme de la garde bardé de décorations dont on l'affublait pour venir par grand froid saluer au balcon les sujets de sa femme, c'étaient les vacances et l'on pouvait faire durer l'apéro.

Les premiers temps, la baronne fit exactement comme si elle n'avait rien noté de l'impatience de son mari, elle répondait simplement que les... – j'étais en réalité trop loin pour comprendre leur nom – avaient prévenu qu'ils arriveraient un peu tard et qu'il n'était pas question de déjeuner sans eux, mais plus le temps passait, plus l'exaspération et l'appétit du baron s'aiguisaient. N'en pouvant plus, il se leva tout à coup et, s'adressant à la baronne à haute et intelligible voix de façon à ce que le signal fût clair : « Ce n'est plus possible, Monseigneur n'a que trop attendu, faites servir. » Sans se départir de son calme, la maîtresse de maison fit une réponse à mi-voix, retourna à sa conversation interrompue et ne donna aucun ordre au maître d'hôtel qui comprit à son regard que sa place était désormais en cuisine jusqu'à ce qu'une sonnerie salvatrice vînt lui annoncer l'arrivée des retardataires. Elle se fit justement entendre au moment où le baron, d'une voix devenue grondante après avoir été suppliante, venait de demander pour la troisième fois de faire servir.

Un couple d'une beauté singulière apaisa toute tension en faisant son entrée. La jeune femme portait cette maternité lourde et sensuelle si particulière aux Italiennes qui tout au long de leur grossesse arborent sur le visage la trace du délice de la conception. Une petite robe noire, faussement assagie par un col blanc, ne laissait absolument rien ignorer de la parfaite plénitude à laquelle cette féminité largement épanouie était parvenue. L'homme qui la suivait paraissait un peu plus jeune qu'elle, ce qui n'était pas la règle dans ce salon, et ses yeux trahissaient eux aussi la fatigue d'un triomphe récent et peut-être même répété. Il était prince de T*** et avait incontestablement hérité de son ancêtre, figure légendaire d'un libertinage poudré à frimas, un regard de velours de soie et le goût des femmes. Le retard de ce jeune couple avait à l'évidence des raisons que tous les hommes de l'assistance, même le baron, étaient prêts à absoudre.

La jeune femme dont la beauté avait été cueillie par son mari dans les studios de Cinecittà possédait plus de charmes que d'usages ; présentée au prince consort de la reine des Neiges, elle esquissa une légère révérence assortie d'un « Bonjour Majesté » sympathique mais incongru dont le petit prince du Saint Empire assis à mes côtés, agacé d'attendre et peut-être un peu jaloux, allait faire immédiatement son miel. Il en sautillait déjà de gourmandise. Au moment de passer à table, jouant les chambellans d'opérette mais suffisamment homme du monde pour que son manège échappe au reste de l'assistance, il s'inclina à plusieurs reprises devant le prince du Nord en lui donnant du « Votre Majesté… » et reçut en échange une grande bourrade dans le dos pour lui signifier que l'on riait de bon cœur avec lui mais pas au-delà des égards dus à une très jolie femme.

Pour passer du salon à la salle à manger, il fallait traverser un joli fumoir où était présenté le plan de table. Les noms et les titres de chaque invité, soigneusement calligraphiés sur de petits rectangles de bristol, étaient fichés autour d'un plateau de maroquin rouge, évitant ainsi les hésitations toujours gênantes au moment de s'asseoir. Tout Paris se souvient encore de cette scène au Cœur-Volant chez feu la comtesse de Paris où François Mauriac, plus habitué au protocole du quai des Chartons qu'à l'étiquette de cour, s'était installé d'autorité à la droite de la princesse alors même qu'elle n'avait jamais imaginé un seul instant lui réserver cet honneur. La baronne m'avait rejoint pour s'assurer que je me trouvais suffisamment bien traité, elle m'avait élégamment réservé sa gauche et, alors que je la complimentais sur une assistance particulièrement choisie pour un déjeuner monté en toute hâte, elle me confia dans un petit rire : « J'ai fait un dîner de SAS pour faire plaisir à mon nouveau maître d'hôtel. » En effet, l'acronyme SAS, réduction de Son Altesse Sérénissime, précédait un nom sur deux autour du plan de table. Il y avait ce jour-là, chez la baronne P***, abondance d'Altesses. C'était à se perdre dans les détours du Gotha.

En passant d'une pièce à l'autre, on quittait un château français pour un palais vénitien. La pièce entièrement tendue de damas de soie jaune vif se trouvait ornée d'immenses miroirs à parcloses d'époque Régence reposant sur de très grasses consoles en bois doré chargées d'argenterie et de verres filés. Le déjeuner étant très simple, la table n'était dressée que pour quatorze personnes. Le prince du Nord présidait avec la baronne, le maître de maison ayant, comme le veut l'usage, abdiqué tous ses droits en faveur du quasi-souverain. Ce dernier avait retrouvé à sa droite l'épouse du président d'un pays nordique émue de se voir traitée avec des égards que sa prude démocratie d'origine ne se serait jamais sentie autorisée à lui réserver de peur de déclencher une tempête politique dans un verre de Brennivín. Et ce prince jetait à la baronne des regards chargés de reconnaissance pour avoir fait trôner à sa droite la beauté incandescente capable de le distraire l'espace d'un moment de sa reine glacée. Pour accélérer le déjeuner qui avait pris du retard, le baron exigea, sans demander cette fois son avis à sa femme, que le service se fît à la Beaumont de façon à éviter aux plats de faire deux fois le tour de la table. La faim régnant, tout le monde applaudit à cette amusante initiative.

A ma gauche, un vieux marquis italien donnait à sa voisine, princesse récente mais beauté sculpturale et particulièrement attentive, des recettes de cuisine napolitaine retrouvées dans la mémoire des derniers chefs encore au service des grandes familles parthénopéennes. Je n'osais troubler ce conciliabule quasi religieux en demandant au gourmet napolitain si ses recherches dans les livres de cuisine des palais de Naples lui avaient permis de découvrir à quelle sauce avait été préparée la sirène de Malaparte dont la vue, présentée sur un lit de corail et d'argent aux armes des ducs de Tolède, avait horrifié le brave général Cork. Cette scène de *La Peau*, monument de snobisme macabre et de cynisme implacable, m'avait toujours poursuivie, et j'aurais été heureux de savoir comment accommoder la sirène, ce poisson rare qui réunit les deux plus grands auteurs italiens du XXe siècle, Lampedusa et Malaparte. J'en étais là de mes rêveries culinaires et littéraires lorsqu'un autre animal fantastique attira mon regard : la femme du maître queux italien placée à l'autre bout de la table portait au doigt une petite grenouille. L'animal, taillé dans une émeraude de belle dimension, à moins qu'il ne s'agisse en réalité d'un péridot ou d'un simple morceau de jade car j'étais trop loin pour en estimer l'éclat et la profondeur, était juché sur un promontoire de diamants brillantés, et chaque fois que sa maîtresse portait un morceau de homard à la bouche, accrochant involontairement de sa main le rayon de soleil venu se ficher sur la table, la grenouille prenait vie et sautait dans l'éclatement de ses reflets smaragdins sur la nappe damassée, chiffrée et couronnée. L'irruption de ce batracien étincelant n'inquiétait semble-t-il personne mais suffit à me captiver un long moment, alors qu'à ma gauche on dissertait des vertus de la cuisson à l'étouffée et qu'à ma droite le prince bohémien assurait à notre voisine commune ne jamais faire la cour à une femme mariée. Il me souvenait pourtant que, lors d'un dîner précédent, il s'était entretenu avec ma femme de façon particulièrement appuyée et je le lui rappelai incidemment, ce à quoi il me répondit, non sans galanterie, qu'elle lui avait alors paru trop jeune pour être raisonnablement mariée.

Le soleil, le vin et les sauces portaient peu à peu la température de la salle à manger à des niveaux déraisonnables. Le baron suffoquait mais restait de marbre, et le prince habitué aux grands froids savourait cette chaleur inhabituelle pour la saison et impensable sous le règne de son épouse avec autant de plaisir que les grands crus versés par des hommes en gants blancs dans des verres dont le cristal avait été taillé pour Charles X. Les autres convives, surtout les hommes ajustés dans leur costume bleu nuit, nouvel uniforme des mondanités parisiennes, cuisaient, eux, à l'étouffée. D'un geste, la maîtresse de maison donna ordre d'entrebâiller les fenêtres ; l'air printanier et précoce fut comme une caresse sous laquelle tressaillirent légèrement les rideaux de soie et la peau des femmes. Il fut alors question, comme chez tout le monde, des saisons et de leur dérèglement, du temps qu'il fait comme du temps à venir. Ce printemps aux chaleurs estivales ne présageait rien de bon et chacun avançait ses pronostics météorologiques quand tout à coup le maître de maison, contrarié du tour que prenait la conversation autant que par la fournaise, laissa tomber d'un air las et fataliste mais à haute et intelligible voix : « En vérité je vous le dis, avec cette chaleur, Gstaad, c'est foutu. » Cette sentence vint s'écraser sur la table comme une bombe glacée au milieu d'un plateau de fromages mais, sans porter la moindre attention à la consternation générale, le baron répéta, comme se parlant à lui-même, les yeux perdus dans la contemplation de son assiette enluminée par les meilleurs peintres de Sèvres : « Avec cette chaleur, Gstaad, c'est foutu. »

A ce moment-là, profitant de ce que l'attention de tous ses invités était suspendue à cette prédiction terrible, la main de ma voisine de table vint saisir délicatement dans ma propre assiette les quelques reliefs que j'y avais laissés avant de les faire discrètement disparaître sous la table. Inutile de préciser que je gardais l'impassibilité de Karkoël au jeu face à la comtesse de Stasseville mâchonnant une tige de réséda, mais mon voisin, auquel la scène n'avait pas échappé, me glissa à l'oreille comme un lazzi napolitain : « Vous pensez que la baronne a encore faim ? » J'étouffai péniblement un fou rire dans ma serviette lourdement amidonnée quand le museau de la petite chienne apparut sous la table. Elle venait réclamer les suites du festin, et sa maîtresse qui se savait découverte me dit en riant : « Que voulez-vous, je ne peux pas résister, elle attend à nos pieds depuis plus d'une heure, il ne restait plus rien dans mon assiette et ça lui fait tellement plaisir… » Virginia Woolf observant lady Katherine, fille de la marquise de Bath, reproduire le même geste alors qu'elle se trouvait à sa table en concluait qu'il fallait avoir une immense confiance dans sa propre situation sociale pour se permettre de piocher dans une assiette servie un os sanguinolent et le donner à manger aux chiens. La baronne P*** ne manquant de rien, ne manquait pas non plus de cette confiance-là et s'amusait beaucoup de son effet.

Le marquis, mon voisin, un peu dépité de comprendre que c'était à la petite chienne que ses pieds avaient affaire depuis le début du repas, ajouta au moment ou l'on desservait : « C'était donc ça, dire que depuis le début du déjeuner j'imaginais que mes pieds étaient en étroite conversation avec notre joli vis-à-vis… » J'en conclus que mon voisin italien, malgré un âge respectable, conservait une définition très large des plaisirs de bouche.

L'heure avançant et l'oisiveté totale ne m'étant pas encore permise, je dus prendre congé, avec l'autorisation du presque roi, mais il me fut beaucoup plus facile de faire mes adieux à la maîtresse de maison qu'à la petite chienne, dont l'affection achetée au prix de mon regrat devenait débordante, et il fallut toute l'autorité du majordome pour que, dans le hall d'entrée, l'animal que l'amour rendait maintenant féroce acceptât de lâcher le pan de mon manteau anglais qu'il avait décidé de retenir en otage.

Accueilli par des aboiements terribles au moment de mon arrivée, mon départ, lui, était accompagné de glapissements déchirants. La petite chienne de la baronne P*** m'aimait désormais d'amour tendre.

Un duc au balcon

L'invitation portait les très grandes armes ducales. On se perdait, alors, un peu au petit jeu de l'écartelé, mais le fascé d'or et d'azur, le manteau comme la couronne étaient, eux, parfaitement identifiables. Nous étions attendus à l'été par le duc et la duchesse de C*** pour un concert qui se donnait chez eux dans cette petite cité médiévale du Midi où Racine et Gide étaient venus s'ennuyer sous une chaleur africaine à deux siècles d'intervalle.

Je connaissais bien la ville pour y avoir aussi vécu dans mon adolescence quelques longs week-ends d'un exil laborieux. Une vieille amie de la famille, germaniste, mélomane et historienne des religions à ses heures, possédait là une vieille maison bâtie autour d'un escalier à vis. Elle s'était donné pour mission de m'inculquer les règles désespérément luthériennes de la grammaire allemande. L'ennui comme le soleil était de plomb, mais de ses fenêtres on pouvait admirer les tuiles vernissées qui reproduisaient au sommet de la forteresse féodale le dessin héraldique aujourd'hui imprimé sur le bristol fiché dans la bordure de mon trumeau de cheminée.

Pendant de longues heures, l'enchevêtrement des fasces et des chevrons qui caramélisaient au soleil avait été le seul moyen pour moi d'échapper, en pensée, à l'implacable répétition des déclinaisons allemandes. Quand, n'en pouvant plus d'ânonner les rudiments de la langue de Goethe, je tentais une sortie en évoquant l'illustre famille qui régnait en face, ma pieuse répétitrice, dans le bel espoir de me voir franchir, un jour, les portes de l'Ecole normale supérieure, me répondait invariablement qu'il n'y avait personne au château car les couleurs n'avaient pas été hissées au sommet du donjon, puis elle fermait la fenêtre d'un geste sec et pointait de son crayon de bois les lignes qu'il me restait à ingurgiter avant que nous ne puissions nous arrêter pour descendre dîner dans un silencieux tête-à-tête. La journée se terminerait par l'audition de l'ouverture de *Lohengrin* dont ma gardienne possédait une multitude de versions gravées sur de grandes galettes de vinyle…

Heureusement pour moi, la vieille dame était un peu toquée de généalogie et convaincue de descendre directement, par ses ascendances corses, des Médicis et du doge Dandolo de Venise, il lui arrivait parfois d'interrompre brutalement sa leçon de grammaire pour se lancer dans la longue justification de ses prétentions aristocratiques lui permettant, d'après elle, d'en remontrer à sa voisine d'en face qui, après tout, n'était pas si bien née et ne tenait ses armes vernissées que de son mariage. Nous embarquions alors, pour ma plus grande joie, dans une longue croisière à bord du *Bucentaure* dont le plan de navigation nous conduisait de l'Italie du XIIe siècle, traversée par les croisades et les hérésies les plus pittoresques, aux rives du Bosphore. Peu à peu, le vieux professeur s'échauffait, sortait de sa bibliothèque armoriaux gravés et vieilles chroniques pour illustrer son récit de la quatrième croisade détournée de son but initial par ce vieux doge aveugle et rancunier dont le sang, croyait-elle, coulait encore dans ses veines fatiguées.

La prise de Constantinople m'éloignait définitivement, pour ma plus grande joie, des déclinaisons allemandes, et le jour tombant voyait les murs du vieux duché languedocien céder la place, sous mes yeux écarquillés, aux murailles de l'empereur Théodose suintantes de poix fondue et débordées par des Francs ivres de pillages et de viols sacrilèges. Sainte-Sophie était mise à sac en un tour de main, les reliques pieusement rassemblées par sainte Hélène et jalousement conservées pendant des siècles, jouées aux dés sur son parvis, un chevalier taché de sang portait le saint suaire en écharpe quand des agioteurs vénitiens soupesaient au poids de l'or la couronne d'épines. Les lions du basileus rôtis au tournebroche par une soldatesque affamée achevaient invariablement ce récit infernal et glorieux dont les péripéties nous avaient conduits dans le fracas des armes et les cris de victoire jusqu'à la nuit tombée. L'étude du génitif était renvoyée au lendemain, et le lendemain il me resterait toujours l'échappatoire de la croisade suivante.

Lorsque, bien des années plus tard, je fis la connaissance du duc de C*** dans un salon du faubourg Saint-Germain, il me parut impossible de lui avouer que son nom et celui de sa maison étaient pour moi indissolublement liés à ces longues heures d'études nez à nez avec ses toits et à l'odeur de cuisson des lions porphyrogénètes.

L'invitation exigeait une présence à 19 h 30 précises, le port de la cravate noire pour les hommes et de la robe longue pour les femmes. C'est dans cet appareil qu'après avoir garé notre voiture à l'ombre des micocouliers nous remontâmes, ma femme et moi, l'entrelacs des ruelles de la vieille ville. C'était l'heure à laquelle les touristes, très nombreux en cette période de l'année, refluaient vers les autobus garés, comme nous, sur les mails ombragés des portes de la ville. Les commerçants, marchands de souvenirs vaguement provençaux et de savons aux odeurs artificielles, fermaient leurs boutiques et tiraient leurs rideaux de fer. La ville méridionale déserte et assoupie que j'avais connue trente ans plus tôt révélait aujourd'hui un immense souk auquel on conduisait des troupeaux de retraités à l'air égaré comme on mène des veaux à l'abreuvoir.

Notre remontée à contre-courant de cette marée humaine épuisée et soufflante ne passa pas tout à fait inaperçue. Un homme en smoking accompagné d'une femme en robe de soie rouge et sac de satin assorti suscitaient commentaires et interrogations plus ou moins discrets. On se demandait si un tournage était en cours ou bien si nous n'avions pas perdu le reste de notre orchestre. Un commerçant plus avisé, tenant entre ses bras un immense panier en osier empli de ce que ma grand-mère appelait avec un mépris amusé des « sinsirinbailles » – entendez par là de la pacotille –, lâcha, plus perspicace mais sans aménité : « Tout ça doit encore monter au duché. »

Peu à peu, les rues se faisaient plus étroites et moins passantes, la rumeur cosmopolite de la transhumance touristique le cédait au bruit des téléviseurs qui s'étaient allumés dans tous les rez-de-chaussée pour *Plus belle la vie.* La chaleur, elle, n'en était pas moins accablante, et je bénissais ma chemise anglaise à nid d'abeille qui buvait goulûment et sans qu'il y paraisse le ruissellement de ma transpiration. Ma femme, elle, se félicitait d'avoir choisi un dos profondément décolleté.

Parvenus au sommet de la ville au débouché d'une dernière venelle de cette casbah huguenote, les hauts murs du château, sévères et nus, se dressaient devant nous.

De l'autre côté de la place, comme arrivant à notre rencontre, apparut la silhouette de mon très lointain cousin, l'abbé P***, dont la carrure d'aumônier militaire était crânement sanglée dans sa soutane de chapelain de l'ordre de Malte surlignée d'une large ceinture de pourpre et filetée du même. C'est donc une sorte de trinité mondaine où dominaient le rouge et le noir qui franchit la porte en forme d'arc de triomphe Renaissance ouvrant sur la première cour de la forteresse médiévale. Elle était vide, des chaises avaient été sagement alignées devant une scène, et aux murs d'enceinte faisait face le bel ordonnancement de façade attribué, un peu rapidement peut-être, à Philibert Delorme.

Le duc de C*** arrivait à notre rencontre ; la cinquantaine rayonnante et une veste de smoking blanche lui donnaient un air de ressemblance avec les portraits de ces noceurs bien nés de l'entre-deux-guerres peints par Tamara de Lempicka ou Christian Schad. De la première cour il nous invita à passer dans la seconde à laquelle une végétation suspendue et artificiellement entretenue prêtait un peu de gaieté et de fraîcheur. Quelques femmes en robes longues lâchées dans ce carré pénitentiaire tentaient d'échapper, avec la complicité d'une coupe de champagne, à l'encerclement de la muraille et à la chaleur étouffante.

Les martinets rendus fous par les cloches de la cathédrale sonnant à toute volée cherchaient un dernier refuge dans les anfractuosités de la tour Radegonde ; leurs cris stridents tournoyaient au-dessus de nos conversations, aussi entêtants que l'avaient été pour Chateaubriand ceux de leurs congénères de Combourg. Plus prosaïquement, ils avaient aussi accompagné mon enfance vécue au pied d'une autre cathédrale méridionale – celle-là même dont « les tristes pierres mystérieuses » ont si profondément pesé sur l'âme de Paul Valéry – que ces hirondelles obscures avaient choisie comme résidence d'été.

La nuit finit, enfin, par tomber et avec elle un peu de la chaleur du jour. Notre hôte nous invita à le suivre ; le concert n'allait pas tarder à commencer, il était temps de revenir sur nos pas et de retourner dans la première cour. Déserte à l'heure de notre arrivée, elle s'était remplie alors même que nous vidions nos verres. Un coup d'œil circulaire m'inquiéta : chaque rang de chaise était occupé, les musiciens accordaient déjà leurs instruments sur la scène et je ne voyais pas très bien où nous allions pouvoir être installés, mais le duc, lui, avançait tranquillement avec le pas assuré d'un premier pair de France remontant la nef de la cathédrale de Reims un jour de sacre.

L'arrivée de cet élégant troupeau n'était pas passée inaperçue parmi un public où les élégances mutualistes le disputaient au « pantacourt » porté sur des mollets rougis par le soleil du cap d'Agde. Les autorités locales assises au premier rang s'étaient levées et venaient à notre rencontre pour saluer le maître des lieux, mais surtout pour observer cet « évêque » comme on n'en voit plus dans nos provinces où le haut clergé a décidé de se fondre dans la masse des clergymen, et ces femmes, elles aussi vêtues de long, qui tentaient, l'air de rien, de ne pas marcher sur la robe de leurs voisines.

La lente progression de la suite du duc s'était interrompue et restait là, coincée entre le public et la scène, à attendre que la situation se débloque. Il me paraissait invraisemblable que l'on fasse se lever pour nous céder la place le rang des marguilliers en grande conversation avec le duc ou, pire encore, des festivaliers, arrivés très tôt pour être installés aux premiers rangs alors même que nous prenions tranquillement le frais, ou ce qui en tenait lieu, dans la cour d'à côté. La longue conversation entre le maître de maison et les maîtres de la ville ne me disait rien qui vaille, et je voyais approcher le moment où il faudrait déloger tous ces festivaliers pour occuper leurs places ; déjà le « Ah ça ira, ça ira » raisonnait méchamment à mes oreilles, et j'essayais d'identifier dans les rangées quelques places vides dispersées où il eût été possible de trouver refuge sans provoquer une émeute.

C'est la duchesse elle-même qui nous tira soudain d'embarras en houspillant son mari pour qu'il termine son colloque municipal et que notre colonne mondaine puisse s'ébranler de nouveau pour continuer son chemin. Avec d'infinies précautions, les dames enjambèrent de leurs escarpins délicats les sandales touristiques et les souliers municipaux qui leur barraient le passage.

Notre petit peuple élu avançait sans trop savoir où ce Moïse titré allait le conduire, et, à mon grand étonnement, celui-ci, à défaut de Terre promise, nous fit pénétrer à l'intérieur même de l'ancien logis. Il fallut gravir le large escalier à l'italienne dont les marches de calcaire froid étaient réveillées par la caresse soyeuse de robes du soir, traverser les salons plongés dans une semi-pénombre avant d'arriver dans une vaste pièce dont toutes les portes-fenêtres étaient largement ouvertes sur la cour d'honneur.

Le maître de maison fit signe à la compagnie d'avancer, et c'est là que je compris : nous allions être installés sur le balcon lui-même. Ce balcon, accroché à la vieille façade médiévale sous la Restauration, avait été garni, à notre intention, de chaises à haut dossier. Chacun dut alors prendre place, les femmes d'abord bien sûr, alors qu'au même moment des centaines de visages se levaient vers nous. Nous n'étions plus de simples spectateurs, nous participions désormais pleinement au spectacle et formions l'incroyable tableau vivant de cette lutte des classes qui oppose depuis toujours l'ancienne notabilité aux bourgeoisies de promotion. Les lecteurs de *Télérama* dévisageaient sans aménité les habitués de *Point de vue-Images du monde.* Pour échapper à ce face-à-face lourd de rivalité sociale, je regardais tournoyer une dernière fois les martinets de mon enfance, puis, dans l'espoir de trouver une contenance et par ce besoin irrépressible de faire un mot qui m'anime trop souvent, à mes dépens, je feignis de m'étonner auprès de notre hôte qu'il n'ait pas fait déployer depuis le balcon une tapisserie de la Savonnerie aux grandes armes de sa famille, comme cela se faisait autrefois à l'occasion des processions solennelles ou des entrées royales. Il resta un moment interdit, comme pris en faute, puis me répondit que pour l'heure il venait de faire réaliser, sur un modèle du château de Versailles, l'immense tapis du grand salon mais qu'à la réflexion je venais de lui donner là une excellente idée pour l'avenir. Le regard légèrement obscurci de la duchesse que ces élucubrations historiques à forte valeur ajoutée n'amusaient pas m'invita à détourner la conversation et à me plonger avec attention dans le programme.

Une jeune voix de haute-contre devenue célèbre aujourd'hui devait interpréter des airs de musique baroque ; il était curieusement vêtu d'un débardeur de soie, portait un sarouel en lamé or et d'étranges cothurnes qui suscitèrent les interrogations de mes voisines et les commentaires ironiques de quelques chasseurs de grouses aussi peu familiers des extravagances masculines en matière vestimentaire que de la musique de Monteverdi, mais très vite la voix troublante et presque miraculeuse s'éleva, réduisant au silence les martinets aussi bien que les jeunes cercleux, parvenant enfin à niveler les distinctions sociales dans une seule et même communion.

Le concert fut sublime, mais il arriva tout de même que l'attention du balcon marque quelques faiblesses, et je ne pus m'empêcher d'avoir une pensée aussi émue qu'amusée pour ma vieille répétitrice qui, certes, plaçait Wagner au-dessus de tout mais avait pour ce qu'elle appelait alors la musique ancienne un si grand respect, plus religieux encore qu'artistique, qu'elle aurait certainement rappelé d'un geste d'autorité certains de mes voisins à un peu plus de recueillement.

Le concert terminé, les applaudissements réveillèrent en sursaut un prince étranger qui nous avait quitté depuis quelque temps déjà et le plus jeune fils du duc dont les rêves tire-bouchonnaient la belle robe de sa mère. Tout le monde se leva et, d'un geste à bénir *urbi et orbi*, l'abbé P*** fit le signe de croix au-dessus de l'enfant qui portait les espoirs d'une famille presque millénaire. La France d'autrefois se donnait en spectacle à la France d'aujourd'hui, laquelle, une fois n'est pas coutume, lui cédait peu à peu la place. Les hommes réajustaient leur nœud papillon, les femmes défroissaient leurs robes, les uns commentaient le concert, les autres le mariage d'un cousin de province ou les premières parties de chasse prévues pour l'automne. Le café était servi dans le grand salon aux gypseries, des maîtres d'hôtel passaient entre les différents groupes une immense cafetière en argent d'une main, le plateau de l'autre.

Très vite l'artiste et ses proches rejoignirent le groupe des invités. Il fut acclamé poliment mais le sarouel et les cothurnes formaient un curieux contraste avec les smokings et les fauteuils Régence en bois doré ; la gêne était palpable, les invités restaient d'un côté de l'immense pièce alors que les « artistes » en occupaient le centre où ils s'étaient retrouvés isolés alors même qu'ils pensaient y tenir le haut du parquet. La distance devenait infranchissable quand le duc et la duchesse, en parfaits maîtres de maison, allèrent des uns aux autres avec une bonhomie naturelle, et chaque fois qu'ils se rapprochaient de leurs invités s'employaient, sans y paraître, à en arracher un ou deux spécimens pour les conduire jusqu'à l'héritier direct, nécessairement adoptif évidemment, de Farinelli qui, pour arranger le tout, ne parlait pas un mot de français. Les uns et les autres se pliaient aimablement à l'exercice ; cependant, comme elle l'avait déjà fait sous Louis XV, l'aristocratie française marquait ce soir-là sa discrète mais ferme réprobation à l'égard d'un art lyrique dont les délicatesses poivrées et les roulades capiteuses heurtaient le bon ton.

Passé le quart d'heure de courtoisie, la voix de haute-contre et sa suite tirèrent donc leur révérence, préférant certainement rejoindre les délices d'une nuit du Lubéron plutôt que de poursuivre la soirée dans une scène de genre directement inspirée de Jean-François de Troy. Les conversations qui jusque-là s'étiolaient reprirent aussitôt, et la meute mondaine s'ébroua une dernière fois élégamment sur le tapis de la Savonnerie flambant neuf avant que chacun ne parte retrouver la bastide amie ou familiale qui les accueillait pour le séjour.

C'est ce moment que choisit notre hôte pour me faire les honneurs complets de sa maison. Tout y passa, les salons, les armes africaines rapportées d'expéditions coloniales, les portraits d'ancêtres fraîchement restaurés, le casque de Jeanne d'Arc, les escaliers larges comme des voies romaines, les appartements contemporains, les souvenirs du général Boulanger, les trophées de chasse comme les excès de vitesse de la duchesse rouge, la marquise sa grand-mère qui n'aimait rien tant que de faire et défaire les ministères et les élections à l'Académie, les couloirs étroits, les caves carolingiennes, en un mot tout ce qui faisait la gloire et le passé de la famille dont il portait le nom. Un nom qui avait pourtant bien failli tomber pour ne jamais se relever, une maison vendue deux fois et sauvée deux fois de la ruine et de l'abandon. L'homme qui me guidait ainsi dans les dédales de son duché et de sa mémoire était parvenu à relever tout cela en moins d'une génération ; sa fierté faisait plaisir à voir alors même que porter aujourd'hui en France la couronne et le manteau de la pairie est à peu près aussi utile et gratifiant que de jouer au jeu de bilboquet.

Le château maintenant est presque vide, les salons ont été éteints, la nuit toujours chaude mais noire, la duchesse discrètement retirée dans ses appartements après avoir reçu les hommages reconnaissants de ses invités, ma femme épuisée de fatigue, nous espérons prendre congé à notre tour, mais il n'est pas encore temps. Le dernier descendant du lointain Elzéar n'a pas sommeil et, en me tirant par la manche, il me glisse à l'oreille qu'il ne m'a pas tout montré, puis, traversant la cour d'honneur à grandes enjambées, il m'entraîne vers le pavillon d'entrée, pousse une porte, dévale un escalier, et là, effleurant un interrupteur, allume les uns après les autres des spots puissants qui m'éblouissent par saccades. Quelques instants plus tard, alors que ma femme est restée prudemment au sommet de l'escalier, apparaît une incroyable collection de voitures de course miniaturisées dont le conducteur ne peut être qu'un enfant : Ferrari, Maserati, Porsche, elles sont là, alignées et rutilantes, comme autant de jouets de luxe attendant le bon vouloir d'un petit prince.

Ce soir-là, l'homme qui a préséance sur toute la noblesse française et qui ne le cède, en toute occasion et en tous lieux, qu'aux seuls princes du sang, venait de m'avouer, à demi-mot, qu'à tout prendre il aurait préféré conduire un de ces bolides sur les circuits les plus célèbres du monde entier plutôt que de porter la couronne et le sceptre des rois de France le jour de leur sacre.

« Mais pourquoi diable voulez-vous que je lise Proust… »

Le château avait un peu les traits tirés mais le perron, lui, souriait aux invités depuis l'interminable allée cavalière déjà plongée, par la hauteur des futaies formant presque berceau, dans une semi-obscurité. Le contraste avec les champs que nous venions de traverser, rasés de frais par la moisson, où le soleil musardait encore sans se soucier de l'heure, était complet. Chaque conducteur marquait donc le pas au détour du grand portail pourtant largement ouvert afin d'accommoder sa vue à cette nuit subite, puis les voitures venaient se garer les unes après les autres dans la cour de communs où l'on pouvait encore remarquer, çà et là, les traces d'une activité agricole. Cette maison, presque modeste, au regard du mur d'enceinte qui la protégeait du vent et du regard, n'était pas la résidence fraîchement acquise puis restaurée d'un industriel prospère ou d'un producteur subventionné mais bien le fief d'une ancienne famille terrienne ancrée au plus profond du Cotentin et dont le nom avait mis près de trois siècles pour changer simplement de bocage.

De vieux messieurs bien pris dans leur blazer comme dans des vestes d'uniforme, suivis à quelques pas de leurs femmes en robe fleurie ou tailleur acidulé inaugurés quelques semaines plus tôt à l'occasion d'un mariage à chapeaux faisaient lentement mouvement vers le corps central. Il s'agissait de se saluer avant d'avoir atteint le haut du perron de façon à réserver, évidemment, à la maîtresse de maison les égards qui lui étaient dus. La femme droite sur la plus haute marche n'était pas simplement comtesse d'E***, comme l'invitation pouvait le laisser croire au médecin du chef-lieu que parfois l'on invite et qui est impressionné par le tortil gravé, mais bien une représentante de la prestigieuse maison de S***, coiffée depuis le XVIIe siècle d'une couronne de prince du Saint Empire et dont la généalogie foisonnante touche à ce qui se fait de mieux des deux côtés du Rhin et même du Danube.

Un soupçon d'accent germanique rappelait, sans y paraître, cette ascendance prestigieuse dont les preuves auraient pu ouvrir autrefois à notre hôtesse les chapitres les plus aristocratiques d'Allemagne si elle eût souhaité faire l'économie d'un mari. Le sien avait récemment disparu. Jeune, elle avait dû fuir l'avancée de l'armée Rouge en abandonnant un château en proie aux flammes et au pillage. Elle en conservait une aversion presque physique pour tout ce qui pouvait, même dans des tons nécessairement moins vifs désormais, évoquer le drapeau rouge, la Révolution prolétarienne et le communisme.

Si certaines invitées arrivaient en appelant la maîtresse de maison par son prénom ou de façon plus familière encore, « ma chérie », les plus jeunes ou les moins titrées esquissaient tout de même le début d'une révérence. La femme du médecin, elle, comme Emma entrant dans le vestibule de la Vaubyessard et ne sachant trop quoi faire, tendait la main.

Le château avait été réaménagé peu après la guerre, il s'agissait de donner, alors, à cette grande exploitation agricole un confort sans affectation. L'escalier avait été déplacé, et deux salons, trop exigus à l'origine, réunis par une de ces larges ouvertures dont raffolaient les décorateurs de la nouvelle vague, déjà soucieux, hélas, de « décloisonner » l'espace. Le tout était meublé de canapés profonds, de quelques fauteuils dépareillés rescapés de nombreux cambriolages et surtout d'immenses portraits de famille, où alternait le grand uniforme d'officier de la garde impériale avec celui des chevau-légers restauré par Louis XVIII. On voyait cohabiter sur les mêmes poitrines la croix de la Légion d'honneur avec celle de l'ordre de Saint-Louis, la famille ayant servi successivement plusieurs dynasties sans jamais cesser de servir la France.

Un crayon plus délicat mais largement encadré d'une bordure à palmettes offrait le souvenir presque effacé d'une ancêtre dont le regard espiègle avait, en d'autres temps, tenu tête aux insolences des petits crevés admis à Compiègne. Il régnait là une atmosphère austère et distinguée, très éloignée des salons frangés et damassés de la capitale, quelque chose d'anglais et de suranné. On servait, par souci d'autodérision, le cidre maison, non sans vous proposer, par ailleurs, le meilleur champagne.

La baronne si bien née donnait à cette simple maison des champs une tenue parfaite, un parfum de cour allemande. Les invités, toujours choisis, en prenaient alors imperceptiblement le ton, celui d'une simplicité parfois joviale mais qui ne s'oublie jamais. Le fils de famille, lui, officiait comme maître de cérémonie, la barbe impeccablement taillée, le regard bleu-gris, il semblait porter en permanence, par-dessus son élégance campagnarde, la grande plaque des chevaliers de l'Aigle noir.

Personne ne s'était évidemment assis dans le salon, comme il est de coutume dans une maison où l'on est reçu pour dîner, même à la campagne, dès lors que la compagnie excède le nombre de sièges, et l'on passait ainsi de groupe en groupe en bavardant, lorsqu'une jeune femme du pays et à laquelle on avait appris, très tôt, à porter le tablier blanc vint annoncer que la maîtresse de maison était servie. Il ne fut tout de même pas question de donner le bras à la voisine de table que l'on vous avait désignée au préalable pour passer à la salle à manger, usage tombé en désuétude dès avant-guerre, mais c'est tout de même deux par deux que naturellement chacun traversa l'espace resserré par la présence de l'escalier qui la séparait des salons. Les hommes, à force de céder le passage à des femmes au seuil de la porte étroite, finissaient par former un groupe encombrant le vestibule de sa retenue. Il fallait alors, en un clin d'œil, évaluer l'âge, le titre et l'état de chacun pour offrir la préséance au plus âgé et au plus titré. Ce cérémonial lent et compliqué laissait invariablement deux hommes côte à côte n'osant pas franchir simultanément l'embrasure, lesquels, après s'être inutilement offert le passage, se décidaient enfin à entrer mais cette fois en même temps, au risque de se froisser l'épaule contre les solides chambranles.

La pièce était vaste et nue, presque froide, habillée d'un imposant mobilier d'acajou au style indéfinissable. Les murs, eux, avaient pour seule décoration de grandes gravures anglaises où l'on voyait des habits rouges et des jambes exagérément arquées courir après des renards aux abois. Deux grandes tables rondes tenaient là sans difficulté, l'une était présidée par la baronne sérénissime, l'autre par son fils. Les couples étaient distribués entre les deux afin de répartir équitablement les honneurs du service. Il y avait là des amis de la maison, des invités de passage, des hôtes parisiens et des représentants de la noblesse locale, lesquels étaient en réalité le plus souvent les mêmes.

Placé à la gauche de la maîtresse de maison, j'avais comme voisine de table une dame d'un certain âge, d'origine syrienne, mariée à un brillant homme d'affaires et en laquelle je trouvai immédiatement et sans aucune espèce de retenue ni même de prudence un soutien sans faille du régime de Bachar el-Assad. J'osai rétorquer sur le ton le plus adapté à une conversation de table, donc le plus conciliant, qu'un régime qui bombarde son propre peuple n'est pas nécessairement le mieux placé pour en assurer la protection, mais rien n'y fit, la dame récitait avec une application exorbitée les arguments relayés depuis des mois par la propagande syrienne. Ne sachant trop comment sortir de cette ornière placée par le plan de table sur le chemin de Damas, j'avançai alors, sciemment, que le régime était non seulement cruel mais qu'il plongeait tout de même ses racines idéologiques dans le collectivisme, le parti Baas étant, comme chacun le savait, d'inspiration soviétique. Pour appuyer ma démonstration, je rappelai que les parents syriens de Mme L***, personnalité incontournable du faubourg Saint-Germain et dont le nom était connu de tous, avaient été dépossédés de tous leurs biens et placés en résidence surveillée par le père de Bachar. Au seul mot de collectivisation, la maîtresse de maison, pourtant engagée dans une tout autre conversation, eut la plus grande peine à dissimuler sa nausée et lança un : « Des collectivistes ? Mon Dieu mais quelle horreur ! » Son regard refléta l'espace de quelques secondes le rougeoiement des flammes dans lesquelles le monde de son enfance s'était consumé, avant de reprendre instantanément sa clarté habituelle. La cloche sonna, le plat suivant fut apporté et la politique internationale effacée du menu de la conversation.

Mon vis-à-vis à table, Mme T***-D***, semblait avoir, elle aussi, toutes les peines du monde à s'extraire d'une conversation que son voisin, certainement passionné par son sujet, prolongeait bien au-delà du raisonnable. C'est là un travers universel répandu jusque dans le meilleur monde, surtout, d'après ce que j'ai pu observer, chez des hommes dont l'âge a souvent devancé depuis longtemps la carrière sans pour autant qu'ils aient pu prendre pleinement conscience de leur nullité.

Le centenaire de la publication de *Du côté de chez Swann* se profilait, partout, chacun « relisait » évidemment la *Recherche*, le sujet s'imposa donc à l'entremets. Je travaillais à l'époque sur la correspondance du reclus de la rue Hamelin ; j'en citai quelques passages avec d'autant plus de facilité feinte que je venais d'en achever, non sans peine, l'un des inépuisables volumes.

L'intérêt de mon vis-à-vis féminin se ficha dans un coin de son œil noir, le frémissement d'un sourire vint très délicatement relever le coin de sa lèvre supérieure, un regard réservé jusque-là aux seules fleurs du surtout de table sembla chercher d'où venait la citation puis, mais l'air de rien et sans jamais donner l'impression d'avoir trouvé, se posa enfin sur moi. Nous nous connaissions, comme l'on se connaît dans ce pays-là, pour nous être croisés à maintes reprises dans des salons comblés et pour avoir échangé les mêmes propos toujours recommencés sur l'un de ses jeunes beaux-frères dont j'avais le plaisir d'être depuis longtemps l'ami.

Abandonnant définitivement l'ennuyeuse conversation encaissée avec le stoïcisme des âmes bien nées, elle lâcha dans un petit soupir de désenchantement : « Oh, les lettres de Proust, vous savez… »

Je crus un moment que ma nouvelle interlocutrice avait lu consciencieusement les volumes sans fin de la correspondance établie par Philip Kolb et j'allais évidemment l'en féliciter, mon propre courage s'étant arrêté, ce qui n'était déjà pas si mal, aux seuls morceaux choisis, quand elle ajouta : « Ma grand-mère adorait jouer avec… »

Le silence se fit aussitôt. L'effet était parfaitement réussi. J'avais en réalité en face de moi une redoutable causeuse. Il allait falloir jouer serré car tout étalage d'érudition me ferait immédiatement passer, à ses yeux, pour l'un de ces malheureux universitaires contraints de payer leur bout de table en notes de bas de page.

Rassemblant en catastrophe tout ce qui me restait d'esprit, je hasardai, comme sur le tapis vert : « Votre grand-mère jouait au jeu des deux cents familles ? »

Mme T***-D*** était née avec un nom immense et glorieux ; celui de son mari, bien que très lancé depuis la Restauration, tenait pour sa part davantage aux maisons de change qu'aux maisons princières. Le mot fit mouche, elle en fut amusée. Nous nous étions jaugés, la conversation pouvait commencer.

« Ma grand-mère avait des boîtes à chaussures pleines de lettres de Proust adressées à sa propre mère, des courtes, des longues, des interminables, couvertes de cette écriture de fou que je vois encore. Elle prenait une de ces boîtes sur ses genoux, en sortait une lettre au hasard, la lisait à haute voix, pouffait un peu, s'amusait de ces compliments amphigouriques dont l'auteur, à la différence de sa destinataire, semblait n'être jamais lassé. »

De simplement anecdotique le récit devenait passionnant et l'écoute attentive. Ne tenant pas compte de cet intérêt général ni du silence définitif qu'il imposait aux quelques conversations moribondes maintenues jusque-là autour de la table, elle poursuivait d'un ton parfaitement détaché : « Après la séance de lecture, ma grand-mère lançait à la cantonade, comme dans une vente de charité : "Qui veut une lettre de Proust ? Qui veut une lettre de Proust ?", et à la fin du dîner chacun repartait avec sa lettre. »

Un convive, dont j'appris plus tard le goût maniaque pour les autographes, pris entre malaise et incrédulité, oubliant l'inconvenance d'un tel sujet à table, laissa échapper : « Mais vous savez, madame, combien vaut aujourd'hui une lettre de Marcel Proust ? » Madame T***-D*** réagit à ce propos déplacé par un sourire distant, comme pour laisser supposer qu'en réalité il n'avait pas été prononcé, mais le collectionneur avait brûlé ses vaisseaux, il était tout entier possédé par sa névrose, il insista au point de demander à notre voisine de table si, au moins par prévoyance, sa famille avait conservé quelques-unes de ces précieuses lettres.

Il lui fut répondu, toujours de ce même ton, à la fois désabusé, distant et faussement détaché, très proche du fameux esprit Guermantes : « Mais non, monsieur, aucune, elles ont toutes été distribuées, et vous savez quoi ? Il passe régulièrement en vente publique des lettres de Proust adressées à ma grand-mère, les gens sont devenus extrêmement indélicats. Vous ne trouvez pas ? »

J'étais maintenant dévoré de curiosité. Je connaissais un peu, je l'ai dit, celle qui nous tenait ainsi en haleine depuis plusieurs minutes mais je ne voyais pas en quoi sa famille pouvait être à ce point proche de Marcel Proust qu'une de ses grands-mères ait eu le loisir de distribuer ses lettres autographes par brassées entières.

Un dîner n'étant pas, en règle générale, un entretien d'embauche, on ne consulte jamais le *Bottin mondain* avant de s'y rendre mais bien après en être rentré. C'est au moment où l'on enlève sa veste et défait sa cravate que l'on ouvre son secrétaire pour se saisir du lourd annuaire afin de vérifier le pedigree des gens auxquels vous avez été présentés ; le jeu des recoupements peut alors prendre de longues minutes quand tout à coup on referme bruyamment le volume pour aller retrouver sa femme en train de se démaquiller et lui déclarer d'un ton de triomphe : « Tu ne sais pas la meilleure ? Les gens charmants avec lesquels nous avons longuement discuté de leur voyage à Rome sont en réalité les cousins de B***. Mais si, tu sais très bien, ils étaient avec nous au mariage des F***, c'est ce garçon qui était au cabinet de Mme A***. C'est dingue comme coïncidence, non ? » En règle générale, votre femme, qui a conservé le souvenir d'une conversation parfaitement assommante, ne partage ni votre surprise ni votre enthousiasme et se prémunit immédiatement, avant d'éteindre sa lampe de chevet, par un « ce n'est peut-être pas une raison pour les inviter tout de suite à dîner... ».

Le mystère des liens entre notre conteuse et Marcel Proust restait donc entier, et personne n'osait poser la question pourtant au bord de toutes les lèvres. La réponse vint, en réalité, de la princesse, impatientée et soucieuse d'éviter à son amie d'avoir à dévider son arbre généalogique ; elle lâcha d'un trait d'évidence le nom de cette grand-mère prodigue. Un nom magique, un nom au passage duquel le petit Marcel palpitant et fébrile s'inclinait jusqu'à terre alors qu'il passait devant lui sous les arbres de l'avenue Gabriel par d'éternels matins, porté par cette femme à bec d'oiseau dont les « yeux à fleur de tête étaient perçants et bleus ». Une femme, et un nom, pour laquelle le jeune snob au génie encore enfoui n'hésitait pas à faire le pied de grue pendant des heures pour le seul plaisir de la voir et de la saluer.

Je restai sans voix, il ne fallait pas ciller, ne rien montrer, affecter tout au plus une indifférence légèrement amusée, alors même qu'en réalité je parlais depuis le début de la soirée avec l'arrière-petite-fille de la duchesse de Guermantes, car le nom prononcé par la princesse avait immédiatement pris la fameuse « couleur orangée de la syllabe antes », celle qui hantait depuis l'enfance un petit garçon timide rêvant au nom de Geneviève de Brabant.

L'aïeule prodigue des lettres du petit Marcel était en réalité l'un des modèles dont Proust s'était directement inspiré pour créer son personnage. Un moment je crus voir la fameuse aigrette d'oiseau se poser sur le front de son arrière-petite-fille, et lorsque la princesse, ma voisine, fit résonner, de nouveau, ce léger accent germanique hérité des vieilles cours allemandes, j'entendis non plus sa voix mais bien l'intonation inimitable de Marie-Hedwige, la cousine d'Oriane, née duchesse de Bavière. L'espace d'un battement de cœur, j'étais passé du côté de Guermantes. Même le vin, pourtant médiocre à cette table normande, avait pris, à mes yeux, la couleur rubis des pendants d'oreilles de la duchesse au moment où elle s'apprête à abandonner son vieil ami Swann, malade et malheureux, sur le perron de son hôtel, pour courir vers le bal du siècle.

« Mon arrière-grand-mère, qui adorait Cocteau, n'a jamais voulu recevoir officiellement Proust dans son salon. En revanche, mon grand-père et lui étaient très amis. Ils s'étaient, je crois, un peu fâchés tous les deux après la sortie de la *Recherche*, mais quand même il l'aimait bien. »

D'une voix blanche où l'émotion commençait à fissurer le masque du bon ton et de l'indifférence affectée, je sortis immédiatement de ma surprise pour tomber aussitôt dans la stupeur et demandai d'une voix mal assurée : « Votre grand-père aussi connaissait Proust ? »

Pleine d'obligeance et peut-être désormais de compassion, la dernière des Guermantes se soumettait finalement à notre interrogatoire : « Oui, bien sûr, il était l'ami de Marcel Proust depuis l'adolescence, mais il a très mal vécu que son ami trahisse sa liaison avec Louisa de Mornand. »

Cette fois, je venais de recevoir l'estocade. Non contente d'être l'arrière-petite-fille de la duchesse de Guermantes, ma voisine de table descendait maintenant de Robert de Saint-Loup en ligne directe !

La digue des usages se rompit alors définitivement sous ce dernier choc. L'adolescent fasciné par Proust pendant près de deux ans, le jeune homme parti en pèlerinage à Illiers-Combray pour respirer l'odeur des aubépines en fleur, le petit provincial extatique planté devant l'immeuble de la rue Hamelin venait de s'inviter à table pour en déloger le quadragénaire déjà vieillissant, un peu blasé, et familier des arcanes du monde et du pouvoir.

« Vous voulez dire, madame, que le marquis d'A***, le modèle de Saint-Loup, l'amant de Rachel, était votre grand-père ?

– Mais oui, tout à fait, c'était mon grand-père paternel, mais sa maîtresse ne s'appelait pas

Rachel. Ça a fait toute une histoire à l'époque. Vous pensez, une fille entretenue... Il a dû rompre pour épouser ma grand-mère, il paraît que la pauvre Louisa de Mornand ne s'en est jamais remise, elle a terminé dans la misère, comme la plupart de ces filles, mais à la fin de sa vie, le conseil de famille s'est réuni et a décidé de lui faire une petite rente. C'était quand même plus gentil. Mais dites-moi, cher ami, vous êtes en train de me faire déballer tous mes secrets de famille... » La voix devenue un peu gouailleuse venait démontrer qu'elle était trop bien née pour être bégueule.

Le khâgneux à prétention et à rêveries m'ayant alors définitivement délogé, je l'entendis répondre : « Mais, madame, ce ne sont pas des secrets de famille, tout est raconté par le menu dans la *Recherche.* » Bloch reçu chez la marquise de Villeparisis ne fut certainement pas plus maladroit que je ne le fus ce soir-là, sous l'emprise de mon jeune Moi.

« Ah bon, si vous le dites... En tout cas, ajouta-t-elle en jetant un regard malicieux au collectionneur apoplectique, si nous n'avons plus une seule lettre de Proust, nous avons toujours gardé dans la famille son cadeau de mariage à mes grands-parents... »

La table, où les assiettes à dessert s'étaient vidées pendant que la mienne restait intacte, se figea, de nouveau, d'attention.

« Oh c'est une chose affreuse, une lampe de style Nouille absolument horrible. Ce pauvre Proust avait peut-être du style mais il n'avait aucun goût. Enfin, du style, c'est ce que l'on dit, moi je n'ai jamais pu dépasser les dix premières pages. C'est assommant, ces phrases interminables, vous ne trouvez pas ? » Et d'ajouter avant même d'attendre ma réponse : « Mon arrière-grand-mère avait l'habitude de dire à Cocteau qu'elle n'aimait pas lire des phrases dans lesquelles on se prenait toujours les pieds. »

La conversation menaçant de quitter les rivages anecdotiques dont elle s'était rapprochée pour redevenir plus sérieuse, elle fut discrètement abandonnée par les autres convives. La princesse faisait desservir, les apartés commençaient de nouveau à crépiter comme un feu mourant auquel on vient de jeter quelques branches bien sèches pour le faire repartir au moment où, quittant la salle à manger, l'on passe au salon.

Le jeune proustien, lui, ne désarmait pas et refusait de me laisser quitter la table, contraignant la descendante de la duchesse de Guermantes et de Robert de Saint-Loup à s'attarder par pure courtoisie.

« Mais madame, c'est une œuvre majeure, Marcel Proust a rendu un incroyable service à l'aristocratie française, il l'a sublimée au point de l'élever au rang de mythe littéraire.

– Ah bon vous croyez... fut sa réponse pendant qu'elle cherchait déjà des yeux son mari, dont la table voisine se levait elle aussi.

– Mais oui, madame, je vous assure, répondis-je toujours aussi platement sentencieux, il vous faut dépasser les premières pages, laisser de côté la résistance de la phrase et vous enfoncer dans l'œuvre... »

La salle à manger maintenant était presque vide, un calva d'une année exceptionnelle attendait au salon en se réchauffant dans sa carafe. Estimant, à raison, que la conversation pouvait enfin s'éteindre, l'héritière des Guermantes me lança, d'un ton aussi élégant que navré : « Mais pourquoi diable voulez-vous que je lise Proust, j'ai très bien connu mes grands-parents vous savez... »

Cette réponse ne me choqua pas, elle montrait simplement qu'il existait encore, en France, un faubourg Saint-Germain, dont les portes resteraient immuablement fermées au nez de ce pauvre Marcel Proust, contraint de glaner bons mots et anecdotes de seconde main auprès de ses anciens amis de lycée en échange de caresses furtives et de compliments fiévreux. La comtesse A. de C***, dont il avait pourtant fait la duchesse de Guermantes mais qui lui préférait Cocteau comme écrivain de compagnie, ne l'avait jamais reçu, ne l'avait jamais lu, et son arrière-petite-fille ne le lirait pas davantage. Un siècle après la parution de *Du côté de chez Swann* et une gloire littéraire universelle, il restait l'intrus, cet hurluberlu grimpant que l'on peut, à la rigueur, saluer chez les autres mais que l'on ne reçoit certainement pas chez soi.

Je me levai alors pour aider mon interlocutrice à se dégager de sa chaise et profitai du mouvement pour chasser, définitivement, le petit proustien de ma propre place ; il ne fut plus question de la *Recherche* mais de la chère exquise dont nous venions d'être comblés et des charmes de la maison comme de nos hôtes.

Il se faisait tard, l'aigrette passa une dernière fois furtivement sur le front de la dame à tête d'oiseau puis disparut, cette fois à tout jamais.

Versailles, janvier 2014 – janvier 2015.

Table

Cet ouvrage a été imprimé par
CPI Firmin Didot à Mesnil-sur-l'Estrée
pour le compte des Éditions Plon
12, avenue d'Italie
*Paris 13e*
en mars 2015

Dépôt légal : février 2015
N° d'impression : 127581
Imprimé en France